恋する仏教

アジア諸国の文学を育てた教え

石井公成
Ishii Kosei

a pilot of

目次

第三章　韓国の恋物語と仏教——93

漢文・その訓読・日本の古文を引用する際、旧字体の漢字は原則として新字体とし、また、送り仮名などについては読みやすいように改めた。引用文中の「……」は省略を表す。

はじめに

仏教文学と聞けば、『平家物語』冒頭の「祇園精舎《ぎおんしょうじゃ》の鐘の声、諸行無常の響きあり。娑羅双《さらそう》樹《じゅ》の花の色、盛者必衰《じょうしゃひっすい》の理《ことわり》をあらはす」という名文句を思い浮かべがちです。しかし、アジア諸国で恋愛文学を育てたのは、実は仏教でした。また、言葉遊びを発展させたのも仏教なのです。

古代アジアの文化の二大中心はインドと中国です。そのインドの主流の宗教は、祭祀《さいし》を柱とするバラモン教であり、後にはそのバラモン教が庶民化したヒンドゥー教が広まりました。一方、中国社会の基調は儒教です。ヒンドゥー教も儒教も男尊女卑であって、結婚は親が決めます。ですから、若い男女の恋愛を描いた文学作品などは受け入れられにくかったのですが、仏教は違います。若い男女が出逢《であ》い、互いに好きになったとしても、「二人して修行に励みました」とか「太子時代の釈尊とその妃《きさき》の前世の話です」などといった結末にすればよいのです。

また、インド文学では掛詞《かけことば》が盛んに用いられていたため、仏教でも言葉遊びがしばしば利用されました。経典自身が用いていますし、仏教を題材とした文学作品でも利用されています。弁舌巧みな僧侶が一般信者相手におこなう説法や、芸人たちが仏教を素材として演じた芝居などでは、もちろん、洒落《しゃれ》を散りばめて聴衆を楽しませていたようです。仏教関連の悲しい話、はらはらさせる話、滑稽な話、またそれらを題材にした文学作品や語りもの、歌舞や芝居なども歓迎されたでしょう。仏教に基づく文学や芸能が大いに発展したことも、仏教が国境を越えて広がっていった原因の一つです。そうした文学や芸能は、伝わっていった先々の国でさらに独自の展開をとげていきました。

その代表例が日本です。というのは、仏教が入る前から漢字文化が確立していて技術も発達していた中国と違い、日本は独自の文化や技術はあったものの、仏教を通じて思想、建築、美術、音楽、芸能、医学、製紙その他の文化と技術が一気に流れ込んできたため、さまざまな分野において仏教が圧倒的な影響を及ぼしたからです。その影響は日本語そのものにも及んでいます。「有頂天になる」とか「機嫌がよい」とか「挨拶する」といった言い方が仏教由来であることは多少知られていますが、「ここち」「心から」「思い知る」「思いつく」「見ず知らず」など、古くからある日本語のように思われていながら、実際には漢訳経典の言葉を和語化したものがたくさんあります。日本人は、そのようにして日本語を豊かにしてきたのであって、そうした言葉を用いて恋の歌や物語を作り出し、また仏教を素材とした洒落や芸能を楽しんできたのです。

日本でも仏教の無常の概念が重視されたことは事実ですが、季節のうつろいなどと重ね合わせ、情緒的に受けとめていたうえ、『万葉集』には、無常なればこそ恋ごころがつのってならない、と訴える和歌がいくつも見えています。さらに『古今和歌集』になると、代表的な歌人の恋歌でも、仏教をからめ、掛詞を用いている作が目立ちます。掛詞は文学の技法ではあるものの、遊び気分で用いれば面白い洒落ということになります。実際、法要の後の酒宴などで詠まれたと推測される和歌には、無常を嘆いたりする歌であっても、言葉遊びを楽しんでいるとしか思えない歌が少なくありません。物語の始祖とされる『竹取物語』、恋歌の贈答を含む歌物語の初めとされる『伊勢物語』にも、そうした面は見られます。『竹取物語』に至っては、仏教がらみのおふざけの典型です。つまり、仏教と恋と言葉遊びは早くから結びついていたのであって、日本はとりわけその傾向が強かったのです。本書では、アジア諸国における恋愛文学と仏教の関係を検討し、これまでの常識とは異なる仏教の一面を明らかにしていきます。

第一章　インドの仏教経典に見える恋物語

インドでは古代から宗教・道徳などの規範であるダルマ、財産を意味するアルタ、性愛を柱とした情愛を指すカーマが人生の三大目的とされており、性的な表現には寛容な国でした。カジュラホのヒンドゥー教寺院は、ミトゥナ像と呼ばれる男女交合の像が多数刻まれていることで有名ですね。仏教はそこまで極端ではありませんが、最古の仏教美術とも称されるバールフトの仏塔を囲む欄干の浮き彫りには、豊満な胸でくびれた腰をくねらせている天女像などが彫られていますし、ガンダーラと並ぶ仏像の誕生地であったマトゥラーでは、欲望を戒めるためとはいえ、修行者が遊女に誘惑され、林の中で交わっている様子が彫られたりしています。一部の寺院に限るとはいえ、インドではそうした像が仏教寺院に平気で飾られていたのです。

そうである以上、仏教の僧侶が民衆向けに説法したり、芸人が仏教を素材にした劇を演じてみせたりする際、男女の話、それも性に関わる話を混ぜるのは当然でしょう。実際、仏伝、つまり釈尊の伝記にも、次第にそうした記述が盛り込まれていきました。仏伝では、太子であった頃の釈尊は、物思いにふけりがちな青年であり、出家修行を望んでいたとされています。当時は、生と死が無限に繰り返されるとする重苦しい輪廻《りんね》思想が広まっていたため、犠牲を捧《ささ》げ、聖なる言葉を唱えて天界への再生を祈る伝統的なバラモン教の有効さが疑われるようになり、沙門《しゃもん》と呼ばれるさまざまな修行者たちが輩出していた時代です。太子時代の釈尊も、そうした修行者の道を歩みたいと願うようになっていた一人でした。そのため、伝説化が進んだ後代の仏伝では、太子が後継ぎも残さずに出家する事態を恐れた父のシュッドーダナ王は、太子の友人のうちの遊び好きの男に頼んで美女たちを侍《はべ》らせ、この世の快楽を覚えさせようとしたとされています。その場面がなんとも色っぽい描写になっているのです。また、太子が修行して仏となり、人々を教化するようになれば、自分がこの世を支配することができなくなると考えて魔王が懊悩《おうのう》していると、三人の娘たちが太子を誘惑して修行の邪魔をすることを申し出たとされています。彼女たちは、坐禅《ざぜん》している太子のもとにおもむき、それぞれ少女の姿、新婚ほやほやの若妻の姿、熟女の姿になり、琴を弾き、誘いかける歌を歌い、婬欲《いんよく》の言葉を語って修行を妨げようとしたのです。どんなタイプの女性が好きかまで考慮するとは、さすがは魔王の娘たちですね。もちろん、太子は彼女たちに心を動かさなかったとされますが、逆に言えば、そうした結論にしさえすれば、きわどい誘惑の描写も可能になるのです。

仏伝のきわどい描写

仏教の開祖である釈尊が八十歳で入滅したことは、スリランカや東南アジアなど南方の仏教国での伝承も、またシルクロードを経て中国に伝わった北方仏教の伝承も一致しています。ただ、その入滅の年がいつなのかについては、南北の伝承は大きく異なっており、現代の研究者の見解もさまざまです。近年有力となっていたのは、南方説より百年ほど時代をさげる北方仏教系の紀元前三八三年入滅説です。最近では、紀元前三八六年前後の可能性も指摘されています。ただ、いずれにしても、早い時期の経典は、釈尊はこれこれの時にどこでこれこれの説法をされたと述べるだけで、釈尊の生涯全体を語ったものはありませんでした。詳細な歴史記録が早くから山のように作成された中国と違い、古代のインドは宗教は盛んであったものの、通史を書くという発想がそもそもなかったのです。それに代わって大量に作られたのが、ジャータカ、つまり釈尊の前世譚《たん》でした。ジャータカでは、若き求道者だったり、王だったり、動物だったりした釈尊の前世のあり方を、ボーディサットヴァ、つまり、ボーディ（菩提《ぼだい》＝智恵《ちえ》・悟り）を求めるサットヴァ（人）と呼んでいました。このボーディサットヴァを漢字で音写したのが菩提薩埵《ぼだいさった》です。これを略したのが菩薩《ぼさつ》だと言われることが多いのですが、実際には、仏教が西北インドからシルクロードを経て中国に伝わる途中で、これがボーサッといったような発音に変化し、それを正確に音写したのが菩薩なのであって、菩提薩埵という音写が用いられるのは唐代あたりからです。

釈尊の前世譚であるジャータカが早くから大量に作られたのに対し、釈尊の誕生から涅槃《ねはん》までの一生が説かれるようになったのは意外に遅く、早い時期の代表は、二世紀頃の学僧であったアシュヴァゴーシャ（馬鳴《めみょう》）の長編の仏伝詩、『ブッダチャリタ（仏のおこない）』です。ただ問題は、アシュヴァゴーシャは優れた詩人でもあって、インドの伝統的な古典文学にも通じていたため、それらを踏まえて書かれた『ブッダチャリタ』は、かなり艶っぽい表現を含んでいたことです。この点は、釈尊の異母弟である美男のナンダが美しい妻を捨てて出家したものの、妻との楽しい生活に戻ろうとし、釈尊の教えを聞いて再び修行に励むに至った経緯を描いたアシュヴァゴーシャの戯曲、『サウンダラナンダ（端正なナンダ）』も同様です。アシュヴァゴーシャは『サウンダラナンダ』の末尾で、私は快楽に執着している世間の人々を仏教に導くため、苦い薬に蜜をまぶして飲みやすくするように、あえて娯楽的な記述を交えたと述べています。つまり、アシュヴァゴーシャは、布教のためにわざと色っぽい描写、面白い場面を混ぜた仏伝詩や仏弟子を主人公とした戯曲を作り出したのです。

しかも、『ブッダチャリタ』と『サウンダラナンダ』は美しいサンスクリット語の韻文で書かれていました。そのため、インドの全域で愛好され、老若男女が暗記して朗唱したと伝えられており、後代の仏教文献にも仏教以外のインド文学にも影響を与えています。つまり、中世の日本では、多くの人々が琵琶《びわ》法師の語る美文の『平家物語』を愛好し、名文句を暗唱していたうえ、『平家物語』中の話が能などの芝居の題材にもされて親しまれたのと同様です。

なお、漢訳では梵語《ぼんご》と呼ばれるサンスクリット語は、祭祀者階級であるバラモンたちが用いていた言葉に基づき、文法構造を探求して構築された格調高い文語でした。口語であれば「行っちゃった」と言いますが、正しくは「行ってしまった」であり、本来は「行《ゆ》きてしまえり」という形であったはずと推定し、その形を用いるようなものですね。ですから、ヒマラヤのふもとのシャカ族の小国に生まれ、インド中央のマガダ地方で修行してその地の言葉を話していた釈尊は、自分の教えをサンスクリット語に改めることを禁じていました。バラモンの伝統を批判して登場した仏教の教えを、それぞれの地方の言葉で伝えていくよう命じていたのです。古い形態を残す仏教経典とともにスリランカや東南アジア諸国に広がっていったパーリ語は、マガダ地方の言葉に似ていたインド西部の言葉に基づくと推定されています。ただ、インドでは、紀元前後に大乗仏教が生まれると、その土地の口語とサンスクリット語を混ぜた混淆《こんこう》梵語の経典が作成されるようになったうえ、後にはそうした経典がサンスクリット語に書き換えられたり、最初からサンスクリット語で経典や注釈書が制作されたりするようになっていったのです。

その『ブッダチャリタ』では、太子の友人が呼び集めた美女たちが太子を誘惑する場面は、次のように書かれています。

そこで、ある乙女たちは酔っているという口実で、その硬くしかも豊満にところせましと張り合った魅力的な両《ふた》つの乳房で、彼に触れてみた。また、ある乙女は肩口からゆったりと垂れる柔らかい蔓草《つるくさ》のような腕でもって、わざとつまずいて無理に彼にとりすがった。ある女は赤銅色の唇に、酒臭い息を吐きながら、彼の耳もとで「私の秘め事に耳を貸して」とささやいた。……ある女は薄い絹をまとったお尻を彼に見せながら、帯の黄金の飾りを鳴らしてあちこち歩き回った。……ある豊満で魅力的な乳房を持った女は、笑って耳飾りを揺らしながら、「もういい加減になさいませ」と声高に彼をあざ笑った。

いかがでしょう。なんだか男性誘惑マニュアルみたいですね。しかも、こうした内容が朗唱しやすい美しい文章で描かれていたのです。たとえば、太子は父王のはからいによってヤショーダラーと結婚させられますが、その「ヤショーダラーに」子が生まれたことを述べる『ブッダチャリタ』の原文は、こうなっています。

cārupayodharāyāṃ yaśodharāyāṃ svayaśodharāyāṃ

【訳】可愛《かわい》らしい乳房をそなえ、自らの名声を保てる、ヤショーダラーに

ヤショーダラーという名は、yaśas（名声）の語に dhara（保持）という語が付加された複合語の女性名詞形であって、名声を保持している女性、つまり、評判が高い女性という意味です。無理して漢字名にすれば、「誉子《たかこ》」といったところでしょうか。冒頭の cāru は可愛いの意、payodhara は payas（ミルク）を dhara するものということであって、乳房のことです。sva は自分のという意です。つまり、乳を dhara する愛らしい乳房を有し、（美しいという）自らの名声を dhara している、かのヤショーダラーに（息子が生まれた）、ということですね。これらの言葉をすべて「〜に」という状態を示す「〜ヤーム」という処格の形にし、「チャールパヨーダラーヤーム、ヤショーダラーヤーム、スヴァヤショーダラーヤーム」と韻を踏んで朗唱しや

すい文にしてあるのです。乳房を意味する語は、stana や vakṣoja などいろいろあって、そちらの方が一般的であるのに、dhara という語尾で揃《そろ》えるために、あえて payodhara の語を選んでいるのです。これは文学的技法と言えば技法ですが、言葉遊びと言えば言葉遊びです。

ここでは太子の妃の美しさについて述べる際、「可愛らしい乳房」を誉《ほ》めたたえています。スリランカのシーギリヤ遺跡の壁画では、中央に描かれた美しい女性は豊満な胸をあらわにしているのに対し、周りの侍女たちは薄い上着をまとっていることが示すように、古代インドでは貴人の女性の見事な乳房は、美しい目や髪と同様に誇るべきものであり、公然と示されて賞賛されたのです。

仏や仏弟子などの現在の状況の話、その前世譚、そしてこの二つを結びつけて教訓する三段構造の説話をアヴァダーナと呼びますが、そうした説話を増広して集成した十世紀頃の『ディヴィヤ・アヴァダーナ』になると、乳房を含めた女性の容姿の描写はさらに詳細になっています。たとえば、音楽の神の一族であるキンナラ族の美しい娘、マノーハラーを釈尊の前世の姿であるスダナ王子が見そめる場面では、マノーハラーはこう描写されています。

乳房は黄金の壺《つぼ》か亀（の甲羅）のようにふっくらと盛り上がり、たゆまず、垂れず、形のよい丸さを誇り、目は非常に黒く、朝日を受けて開いた細長くて新鮮な蓮華《れんげ》のようであり、眉は……開花した蓮華のようであって、清らかな満月のように美しく、腕は垂れ下がり、腹には三本線が深く刻まれ、上体は乳房の重みで前屈《まえかが》みになり、お尻は車輪の形によく育ち、……よく育った股は象の鼻のように次第に先が細くなり……。

右の文のうち、乳房の重みで前屈みになるといった表現は、四世紀から五世紀頃に活躍し、インド文学を代表する詩聖と称されているカーリダーサの有名な長編詩、『メーガ・ドゥータ(雲の使者)』などに見えるもので、美女を賞賛する際のお決まりの文句になっていたものです。つまり、インドの古典文学の影響を受けた仏教の文学的な作品がインド文学に影響を与え、そうしたインド文学がまた仏教に影響を与えたのです。

最下層の娘が仏弟子に熱烈に恋した話

恋愛の話としては、釈尊の親戚であって侍者を務めていたアーナンダ(阿難《あなん》)を熱烈に恋したマータンガ種の娘の話が有名です。インドには、祭祀者であるバラモン、王族・武人層であるクシャトリア、商人などの庶民層であるヴァイシャ、そして苦しい労働を強いられる下層民のシュードラという四つのヴァルナ（種姓）があり、そのさらに下に、マータンガ種をはじめとする、近づくことさえ嫌がられ、ひどい差別をされていた者たちがいました。仏教は身分制を打破する社会運動などをすることはありませんでしたが、釈尊によって出家を認められて教団に入れば、ヴァルナや身分や年齢などは一切問題にされず、教団内における出家者たちの序列は、出家した順番によって決まりました。ですから、「出家して修行に努めました」などといった結末になっていれば、四姓の下に位置づけられた種族の一つであるマータンガ種の娘の恋の話も認められ、経典に取り込むことが可能だったのです。

この話は早くから人気があったようで、いろいろな経典や律典においてさまざまな長さで触れられており、次第に詳細になっていきます。それらのうち、後代の『ディヴィヤ・アヴァダーナ』では、初期の経典では娘の名が示されていなかったのと違い、娘の名はプラクリティとされ、非常に長くて面白い話になっています。ここでは、安息国（パルチア）出身であって、一四八年に洛陽《らくよう》にやって来て最初期の漢訳者となった安世高《あんせいこう》（生没年不明）が訳した『仏説摩鄧《ぶっせつまとう》女経《にょきょう》』によって物語を紹介しましょう。漢訳の原文はおそらくインドの言葉ではなく、西域の言葉であったと思われるうえ、漢訳に際して中国風に改めてある部分も多いようですが、こちらの方が『ディヴィヤ・アヴァダーナ』より古くて素朴な形を残しています。この漢訳では、娘はマータンガを音写して「摩鄧女」と呼ばれているだけで、インドではマータンガ種は四姓のさらに下に置かれていたことなどに関する説明はありません。物語の概要は以下の通りです。

アーナンダが乞食《こつじき》と食事を終えて水辺に行くと、水を入れた瓶《かめ》を担いで去ろうとするマータンガ種の娘がいたため、頼んで水を飲ませてもらった。娘は家に戻ると、母にアーナンダと結婚したいと語り、母が無理だとしていさめると、私は他の人とは結婚しないと断言し、泣いて飲食しなくなった。困った母がアーナンダの所に出かけて行き、自分の娘はあなたと結婚できなければ死ぬと言っていると告げると、アーナンダは、自分は戒律を守っているため結婚できないと断った。母が魔術でアーナンダを呪縛して自分たちの家に閉じ込め、寝床を調えると、娘は喜んで身を飾った。しかし、アーナンダが寝床に行こうとしないため、母は庭で火を焚《た》き、アーナンダに向かって、娘の夫にならないなら火の中に投げこむと脅した。その時、困り切ったアーナンダの心を知った釈尊が遠くから母の呪術を破ったため、アーナンダは釈尊のもとに戻ることができた。しかし、娘は以後もアーナンダにつきまとって離れないので、困ったアーナンダは釈尊に相談したが、娘は釈尊に向かって、アーナンダには妻がいないし自分にも夫はいないため、その妻になりたいと訴えた。釈尊は、アーナンダは剃髪《ていはつ》しているのだから、お前も剃髪したら夫にしてやろうと告げた。そこで娘が家に帰り、母に剃髪してもらって戻ると、釈尊は身の無常さを諄々《じゅんじゅん》と説いたため、娘はアーナンダへの愛着を断ち切り、欲望から離れて二度と輪廻しない阿羅漢の悟りを得た。そこで釈尊は出家者たちに、この娘は前世で五百回もアーナンダと夫婦になっており、互いに愛し合っていたため、今世でもアーナンダに愛着したのだと説いた。

以上です。この話は、おそらく釈尊在世の時の逸話が伝説化され、ふくらんでいったものと思われます。さらに増広されて詳しくなっている『ディヴィヤ・アヴァダーナ』のテキストでは、釈尊がプラクリティを出家させたと聞いた国王が、そんなマータンガ種の小娘がどうして正しい修行ができようか、また乞食の際にバラモンやクシャトリアや長者たちの家に回ってよいだろうかと軽蔑したため、釈尊は王に向かってプラクリティの前世の因縁を詳しく語ったとされています。四姓制度が伝統であった一般社会では、マータンガ種の娘がクシャトリア出身のアーナンダに恋することや出家することが、いかに受け入れがたかったかが分かりますね。

長者の娘が若い求道者に好意を抱いた話

釈尊の在世中には、仏教教団内の序列は、比丘《びく》（僧）・比丘尼《びくに》（尼）・優婆塞《うばそく》（男性信者）・優《う》婆夷《ばい》（女性信者）の順でしたが、悟った尼は尊重され、法を説いていました。このため、悟りを得た男性僧侶の感懐の詩偈《しげ》を集めた『テーラガーター（長老の詩偈）』がまとめられただけでなく、女性版の『テーリーガーター（長老尼の詩偈）』も編纂《へんさん》されています。ただ、釈尊が入滅した後、百年ほどして教団が伝統固持派の上座部と社会の慣習に合わせようとする大衆部《だいしゅぶ》に分裂し、以後も分裂を繰り返してさまざまな部派が乱立するようになると、釈尊の神格化が進む一方で女性の地位はさがっていきました。しかし、紀元前後に大乗仏教が誕生すると、状況が変わります。それまでの経典のように、釈尊が出家者たちに呼びかけて説法を始めるのではなく、在家を含めて「善男子《ぜんなんし》、善女人《ぜんにょにん》よ」と呼びかけ、説法を始める大乗経典が続々と作られるようになったのです。女性が悟りを得る話も増えていきました。そうした初期の大乗経典の一つである『般若経《はんにゃきょう》』には、若い娘が若い男性修行者を好きになる話が見えています。

これは、釈尊の前世の姿の一つであるサダープラルディタ（常に泣いている）、漢訳では常啼《じょうたい》菩薩と呼ばれる若い求道者の青年に、長者の娘が好意を抱いて修行仲間になる話です。菩薩といっても、「菩提（悟り）を求めている人」ということであって、観音菩薩や文殊菩薩のような神格化された大菩薩ではありません。「常に啼《な》く」というのは、真理の法を求めていながら得られないため悲泣してばかり、ということです。サンスクリット語テキストを含め、さまざまな長さのテキストが残る『般若経』類のうち、西域から洛陽にやって来た支婁迦讖《しるかせん》（生没年不明）によって一七九年に漢訳され、古い形を残している『道行般若経《どうぎょう》』では、空《くう》の智恵である般若波羅蜜《はらみつ》の素晴らしさに関する教説が説かれた後に、この話が第二十八「薩陀波倫菩薩《さつだはりんぼさつ》品《ぼん》」・第二十九「曇無竭菩薩品《どんむかつ》」という形で付加されています。このことは、釈尊の前世譚が大乗仏教に取り入れられ、大乗仏教の理想的な修行者の姿に変えられたことを示していますね。こんな話です。

サダープラルディタは、夢で天人から偉大な教えを求めよと告げられたものの、求めようがなくて悲泣していたところ、ダルモードガタ（曇無竭）という菩薩が東方の都市で般若波羅蜜を説法していると聞き、早速出発した。サダープラルディタは、途中の国でダルモードガタ菩薩に供養するものがないことに気づき、我が身を売ることに決め、街で呼びかけた。しかし、魔物がサダープラルディタの姿を見えないようにし、声も聞こえなくしてしまう。そこへサダープラルディタの決心の固さを確かめるため、帝釈天がバラモンの姿になって現れ、祭祀のために必要な人の血と肉をよこすなら財物を与えようと告げた。サダープラルディタが承知して刀で腕を刺して血を出し、腿《もも》を裂いて肉を切り取ると、それを遠くの楼閣の上から見ていた長者の娘が多くの侍女たちを率いて駆けつけ、理由を尋ねた。サダープラルディタが事情を説明すると娘は感動し、自分が財宝を与えますと語り、また一緒にダルモードガタ菩薩を供養しに行きたいと申し出た。すると、帝釈天が本来の姿を現し、サダープラルディタの体を元に戻してやった。長者の娘はサダープラルディタを豪勢な自邸に連れ帰り、父母に説明して許可を得たうえでともに求法の旅に出かけた。そしてサダープラルディタは、とうとうダルモードガタ菩薩の住む国にたどり着き、娘とともに尊い教えを聞いてその場で多くの三昧《さんまい》を得たのだった。

以上です。純然たる恋物語とは言いがたいものの、若い娘が仏教の修行者に好意を抱くというパターンは、先の話と同じですね。都市の富裕な商人の娘が積極的に青年修行者に近づいて支援しようとしており、しかも、それが好ましいこととして描かれているのは、この時期の大乗仏教がどのような人々によって支えられていたかを示すものです。初期の『般若経』経典類より成立はやや遅れるものの、釈尊は入滅したのではなく、永遠の存在なのだと説き、「一切《いっさい》衆生悉有仏性《しゅじょうしつうぶつしょう》（すべての命あるものたちは、ことごとく仏の本性を具《そな》えている）」と説くようになった大乗の『涅槃経《ねはんぎょう》』では、乳児を離乳させる際に乳房に辛いものを塗るようなものだといった譬喩《ひゆ》や、富裕な母親が旅に出るにあたって子供たちのうちのどのような息子に財産を管理させるかといった譬喩を用いています。これは、商工業が盛んであった都会の財産と教養を有する女性が大乗仏教の支持者となったことを反映している例です。

最上級の遊女が太子に熱烈に恋した話

経典に描かれた明確な恋物語で最も有名なのは、善知識、つまり法の導き手を求めてインドの各地を旅したスダナクマーラ（善財童子）という名の青年の旅を描いた『ガンダ・ヴィユーハ』（漢訳『華厳経《けごんきょう》』では「入法界品《にゅうほっかいぼん》」）に登場するシャカ族の娘、ゴーパーの前世譚でしょう。東海道五十三次の五十三という宿場の数は、このスダナクマーラが五十三人の善知識を訪ねた旅に基づいていることは有名です。スダナクマーラは、大都市に住む女性の菩薩であるゴーパーから法を聞き、なぜそのような法門を得ることができたのかと尋ねると、ゴーパーは、最上級の遊女であった自分の前世を以下のように語ります。

昔、容貌がすぐれた威徳王太子が美しい遊園を見物するため、豪華な馬車に乗って出かけることになった。国王に寵愛《ちょうあい》されていた最上級の遊女であるスダルシャナーは、国王から太子を楽しませてやるよう命じられたため、この上なく魅惑的な姿の娘、スチャリタラティ・プラバーサシュリーを連れ、多くの侍女たちにかしずかれながら太子より先に出発した。娘は、旅先で美貌の太子を見かけると激しい恋に落ち、母親に自分を太子の妻にしてくれなければ死ぬか、死ぬほどの苦しみを味わうでしょうと告げた。母は、自分たち遊女はすべての人の妻であって快楽を与えるものの、一人の男性に一生仕えることはできないと諭した。娘は嘆きつつ寝た夢の中で、新たに世に出現したばかりの勝日身《しょうにちしん》如来にお逢いできたため、それに力を得て、太子に向かって、素晴らしいあなたに我が身を捧げるので受け入れてくださいと説く詩偈を詠《うた》った。修行を願っていた太子が、娘に対していろいろ質問をし、困難な修行をすることができるかと尋ねると、娘の母は、太子に向かって娘の美点を並べ立てた。

この部分については、サンスクリット語原文の訳文を引きましょう。

この娘は背が低すぎも高すぎもしません。太りすぎても痩せすぎてもいません。お腹《なか》は弓のようにくびれ、乳房も豊かです。非の打ちどころのない手足に恵まれたこの娘こそ、あなたにお似合いです。……この世において女性の美質として賞賛されるもの、それらを余すところなく知り、女性の計り知れぬ欠点、それらは一つとしてありません。じっと見つめたり、そっと見つめたり、手足を与えたり、手足を示したり、すべての技芸の蘊奥《うんおう》をきわめており、あなたの願いを満たしてくれる娘です。……知識についてもこの子に匹敵する娘はおりません。太子よ、この子はあなたにふさわしい存在です。

いや、すごい売り込み方ですね。遊女親子なのですから当然ですが、母親が娘を自慢しているというより、歓楽街の店の呼び込みみたいです。しかも、原文ではこの数倍の長さで、この娘が学問や音楽・芸能に通じ、嫉妬せず、心が清らかであることを強調しているのですから驚かされます。しかし、太子は、自分は修行と布施を望んでおり、財産も家族もすべて布施しようと思っているが、あなたはそれを受け入れられないだろう、と娘に語ります。すると、娘は次のような詩偈で答えます。

無限の輪廻の生において生まれかわるたびに、私の体が限りなく切り裂かれようとも、私は固く強い心で、喜んでそれに耐えます。清らかな姿の方よ、私の夫になってください。無限の時間の間、たとえ鉄囲山《てっちせん》が私の頭を粉砕し続けたとしても、心倦《う》むことなく、私は喜んでそれに耐えます。思いも及ばないほど善い方よ、私の主人になってください。……人間の天子よ、私はこの身をあなたにすべて捧げます。……命あるものに無限の慈しみを起こし、すべての命あるものを摂取するために、崇高で至上の悟りに向かってあなたは出で立たれました。ですから、慈愛の心を起こして、この私をも受けとめてください。

「天が落ちようと、地球が壊れようと、どうでもいい。あなたが私を愛してくれるなら」と歌うエディット・ピアフの「愛の讃歌《さんか》」を思い起こさせるアピールですね。これほど激烈な愛の告白は、古代のアジア諸国の文学ではほかに見たことがありません。これだけ聞けば嬉《うれ》しいかもしれませんが、原文ではこの何倍もの長さで愛の告白が続いています。ですから、濃厚で激しいダンス場面が長々と続くインド映画のエンディングシーンのようで、ちょっと疲れてしまうほどです。娘がさらに、自分は夢で勝日身如来にお逢いしたおかげで太子とこのように逢うことができたため、実際に勝日身如来を供養したいと述べると、太子も如来の出現を聞いて大いに喜び、娘に多くの宝石を与え、貴重な宝石で彩られた衣で娘を包みます。そして太子と娘は一緒に出発して勝日身如来にお目にかかり、都に戻って父王に報告すると、父王は二人の結婚を認めて王位を太子に譲り、勝日身如来のところにおもむいて出家したのです。ここまで話したゴーパーは、スダナクマーラにその母と娘はどんな人物だったと考えるかと尋ね、実は、自分の母と自分の前世の姿だったことを明かし、以後、自分は生まれ代わるたびにどれほど修行に努め、仏を供養したかを語ります。

本書の冒頭で記したように、こうした結末にすればどんな話も可能になるのです。前世の話という形にすれば、いっそう語りやすくなるでしょう。また、インドにおいては上級の遊女の地位は高いものでした。ガニカーと呼ばれる高級遊女は、豪華な邸宅に住んで多くの侍女にかしずかれ、歌舞その他の技芸に巧みであっただけでなく、教養も具えており、学問のある王族・貴族や富裕な商人の相手ができたのです。釈尊の在世の時、商工業が盛んなヴェーサリーの美貌で有名な遊女、アンバパーリーがその好例です。アンバパーリーが、ヴェーサリーを訪れた釈尊とその弟子たちに食事の供養を申し出たところ、少し遅れてそれを知った富裕な青年たちが自分たちに招待を譲るよう求めたものの、アンバパーリーは拒絶し、釈尊も先約であるとしてアンバパーリーの招待を受けたと伝えられています。アンバパーリーは、釈尊の教団に菴摩羅樹苑《あまらじゆおん》（マンゴー樹園）を寄進しており、自らも年取ってから出家しています。『テーリーガーター』に収録されているアンバパーリーの詩偈では、美しかった自分も年取って容貌が衰えてしまったが、そうした無常を説かれた釈尊の教えは正しいと礼賛しています。

愛し合う夫婦が離ればなれになった後に再会した話

前世の話であってともに如来を供養したという筋であるとはいえ、遊女が太子に恋する話などはさすがに受け入れにくいという国もあるでしょう。そうした場合、代わって歓迎されたのは、愛し合う夫婦が別れざるを得なくなり、苦難の末に再会するという夫婦愛の物語でした。たとえば、布施を好んでいたスダナ王子がその愛する妻と離ればなれになった後、再会することができたとする話は、アジア諸国で大歓迎されました。先に見たように、『ディヴィヤ・アヴァダーナ』では、スダナ王子が妻となるマノーハラーを見かける場面はきわめて官能的な描写になっていましたが、東南アジアや東アジア諸国では、そうした描写は省かれていました。スダナ王子がいかに布施に励んだか、また布施として差し出してしまって離ればなれになった最愛の妻と、どのような試練を乗り越えて再会したかを強調する話とされたのです。

たとえばタイでは、スダナ王子の話は十五世紀から十七世紀頃にスリランカに留学して学んだ北部のチェンマイの僧侶が五十のジャータカを編纂した『パンニャーサ・ジャータカ』に収録されており、その中でも最も親しまれています。現在でもその一部が義務教育の教材として用いられているため、国民の誰もが知っているほどです。その概要は以下の通りです。

女性に迷っていらいらしている修行者に対して、釈尊が次のような昔話を語った。北のパンチャーラ国の王にスダナという名の王子が生まれた。この国には大きな池があって龍王が住んでおり、適度の雨を降らせたため、農作物が豊かだった。飢饉《ききん》となった隣国の王が、呪文に巧みなバラモンに命じてその龍王を生け捕りにしようとしたところ、龍王はある猟師にそのバラモンを殺させ、多くの宝を与えた。猟師は森に住む仙人から、蓮池《はすいけ》にキンナリー、つまり、音楽の神の一族であるキンナラ族の美しい天女が時々来ることを聞き、龍王に頼んで彼らをつかまえる輪縄を手に入れ、池に来たキンナラ王の娘であるマノーハラーを捕らえた。マノーハラーは懇願して輪縄を外してもらい、代わりに、それなしには飛べない衣を預けた。猟師がスダナ王子にマノーハラーを引き合わせると、王子はその美しさに夢中となって結婚し、第一位の妃とした。地方で反乱が起きたため、王子が鎮圧におもむいたところ、その間に不吉な夢を見た父王が司祭に語ると、司祭は悪夢を消すためにキンナリーを生け贄《いにえ》にするよう勧めた。それを知ったマノーハラーが王子の母に語ると、母はマノーハラーに衣を返して逃がしてやった。空を飛んで逃れたマノーハラーは、森の中の仙人の庵《いおり》にたどり着いて指輪を託し、王子が追ってきたら指輪を渡して道順を教えるよう頼んだ。都に戻った王子は事情を知って嘆き悲しみ、猟師に尋ねてまず仙人のところにおもむき、指輪を受け取った。そして、猿の助けを借りてキンナラ王の都にたどり着き、池のかたわらにたたずんでいると、キンナリーたちがマノーハラーに付いてしまった人間の匂いを消すために水を汲《く》みに来たことを知り、水瓶の中に指輪を投げ入れた。マノーハラーは、頭に水をかけられた際に指輪が落ちたため、夫が来たことを知る。そこで、父王に告げると、キンナラ王は王子に弓術争いや力だめしなどをさせ、そのずば抜けた力量を知ると、七人の娘にマノーハラーと同じ格好をさせ、王子に見分けさせた。王子はこの試験にも合格したため、王は娘を王子に与え、二人は仲良く暮らしたが、王子は両親を思い出し、都に戻って王位についた。釈尊は、この話を聞いて心が平静になった比丘に対して、スダナ王子は過去の自分であり、マノーハラーは我が息子のラーフラの母、つまり妃だったと告げたことだった。

以上です。まさにアニメ映画にするほかないような話ですね。お気づきになったと思いますが、マノーハラーが猟師に衣を渡してしまうと空を飛べなくなる点は、漁師に羽衣を取られた天女が天に帰れなくなるのと同じパターンです。また、男が水瓶の中に指輪を入れて人間でない娘に自分の存在を知らせ、その地の支配者である娘の父の許しを得て結婚し、故郷を思い出して帰るという点は、山幸彦《やまさちひこ》と龍王の娘である豊玉姫《とよたまひめ》の話と似ていることが指摘されています。海幸山幸の伝説は、スダナ王子のジャータカが直接の典故ではないものの、これに類似した伝承が東南アジアを経て日本の海人たちに伝わり、『古事記』や『日本書紀』の神話に取り入れられたことは確かでしょう。

経典に見える言葉遊びと男女に関する面白い話

インドには遊女が法を説く『大荘厳法門経《だいしょうごんほうもんきょう》』という経もあり、そこでは文殊菩薩が悟りの法においては男女の区別はないと説いています。これは実は、初期大乗仏教の代表的な経典の一つである『維摩経《ゆいまきょう》』が説いていたことです。その『維摩経』では、商工業が盛んなヴェーサリーの町の長者であって、実は菩薩であるヴィマラキールティ（維摩詰《ゆいまきつ》）がわざと病気になった様子を見せると、釈尊が弟子たちに見舞いに行くよう命じます。すると、弟子たちは、以前、ヴィマラキールティにやり込められたため行けない、と次々に断ります。たとえば、マハーカーシャパ（大迦葉《だいかしょう》）の場合は、豪華な食べ物を布施してくれる富裕な家を避け、わざと貧民街で乞食を行じていたところ、やって来たヴィマラキールティは、貧富を平等に見る立場に立っていないと叱ります。そして、「ピンダ・グラーハを打破するために、ピンダを求めるべきだ」と説きます。「ピンダ」は丸いかたまりという意味であって、乞食する僧の鉢に供養として入れてもらう丸く握った食べ物も「ピンダ」と呼びます。「グラーハ」には「手でつかむこと」という意味と、「把握すること、執着すること」などの意味があるため、ここでの「ピンダ・グラーハ」には、豪華なピンダと粗末なピンダの違いにこだわるという意味と、布施された丸く握られた食べ物をつかむという意味を掛けてあります。前者のような「ピンダ・グラーハ」を打破するためにこそ、貧富の区別なしに乞食してピンダを求めるべきだ、つまり、丸く握られた食べ物をつかんで食べるべきだと、ヴィマラキールティは戒めたのです。哲学的な言葉遊びですね。インド仏教ではこのように言葉に二重の意味を持たせることが多く、特に後代になって発達した密教では、普通の文の背後に秘密の意味を重ね合わせる例がよく見られます。ただ、説法師が一般信者向けに経典の言葉を面白おかしく説明するとなると、「さとりとは、悩みをサッと取るため、さっとりと申します」といったようなおふざけもなされるでしょう。実際、インドでも中国でも日本でも、そうした言葉遊びが盛んにおこなわれてきたのです。

上記のように、仏弟子たちは皆なヴィマラキールティにやり込められたことがあり、苦手だとして見舞いを断ったため、結局、文殊菩薩がほかの菩薩や仏弟子たちを引き連れてヴィマラキールティの邸宅に行くことになります。邸宅についてみると、ヴィマラキールティの部屋には天女が住んでおり、悟りを得ているとのことでした。仏弟子の中でも智恵第一と言われたシャーリプトラ（舎利弗《しゃりほつ》）が、女が悟りを得るとは信じられないと言うと、天女は神通力で自分とシャーリプトラの姿を入れ替え、シャーリプトラを天女の姿にしてしまって困らせます。そのうえで、「仏は、一切の法は女でもなく、男でもないと説いています」と教えた後、また自分とシャーリプトラを元の姿に戻しました。映画や漫画などでおなじみの男女入れ替えストーリーの元祖ですね。なお、「女でもなく、男でもない」の部分は、鳩摩羅什《くまらじゅう》（三四四？―四一一？）の漢訳では、「男に非《あら》ず、女に非ず」となっており、男を先にしています。両親にしても、インドでは母を先にしてマーター・ピトゥリ（母父）と呼びますが、漢訳ではこれを「父母」と訳すのです。訳すとどうしても中国風になるのですが、そうであっても、男尊女卑の儒教社会であった中国にはなかった考え方や表現が、漢訳経典によって大量にもたらされた意義は大きかったと言えるでしょう。

第二章　中国の恋物語と仏教

古代の黄河流域では、男女が特定の日に水辺などに集まり、掛け合いで歌って楽しむ習慣がありました。日本にもかつては歌垣《うたがき》と呼ばれるそうした風習がありましたし、中国南西部の少数民族である苗《ミャオ》族などでは近年でもおこなわれており、結婚のための出逢いの場となってきたことは有名です。中国古代の詩を集成した『詩経』のうち、諸地方の民歌を編集した「国《こく》風《ふう》」の部には、そうした男女の歌が多数収録されています。その中には、男が女性を誉めたたえたり、若い女が男に誘いかけたり、男女が相手を思慕したり、結婚の楽しさを歌ったり、女が冷たくなった男を恨んだりするなど、さまざまな恋愛の様相の歌が見られます。

しかし、道徳主義である儒教が広まり、特に前漢の武帝（在位：前一四一―前八七）が儒教による統治を推し進めると、「七年にして男女席を同じくせず、食を共にせず」という『礼記《らいき》』「内則」の言葉が示すように、若い男女が自由に交際することはできなくなりました。結婚は親が決めて媒酌人を立てておこなうものとされ、妻は夫とその両親に従順に仕える存在とされたのです。夫はそうした妻に思いやりを示すことが望ましいものの、大事なのは親への孝に努めて子孫を残すことであって、妻に過度な愛情を向けるのは君子のなすべきことではないとされました。『詩経』も儒教道徳を示す古典とされた結果、見方が変わります。男性が魅力的な女性について述べた歌を、貞淑な妻を賞賛する歌と解釈したり、女性が恋人に逢いたい思いを述べた歌を、民衆が徳のある君主を待ち望む歌だとするような解釈がなされるようになりました。そうした解釈がしにくい詩については、乱れた社会を反映した「淫詩」であって亡国の前兆とみなしたり、あるいは政治の乱れをそうした詩の形で批判した諷刺《ふうし》なのだとする解釈がなされたのです。

男女の間柄を歌った詩のうち、夫が出征などで出かけて行って逢えない寂しさを訴える歌は、後に思婦詩、つまり夫を思慕する妻の詩と呼ばれ、結婚当初は仲むつまじかった夫が冷たくなったことを嘆く歌は、捨てられた妻の思いを詠った詩ということで、棄婦詩と呼ばれるようになりました。こうした詩は『詩経』以後もたくさん作られましたが、あくまでも夫婦の間柄に関するものです。棄婦詩については、君主の寵愛を失った臣下がその嘆きを棄婦詩の形で詠ったものとするような解釈がなされたうえ、実際に、君主が国政に害のある臣下ばかり登用し、自分を用いようとしないことに対する憤懣《ふんまん》をそうした形で述べた詩も作られました。

このように、漢代以後の中国では、男女に関する作品は夫婦間のものや特定の内容のものに限られ、普通の男性と女性の恋の物語が文学作品とされることは避けられました。そうした中で、好ましい女性と自由に関係することができた唯一の存在は皇帝です。神話や巫女《みこ》などの宗教文化が盛んであった南方の楚《そ》では、戦国時代に宋玉《そうぎょく》（紀元前三世紀頃）が作った「高唐賦《こうとうのふ》」がそのような例を描いています。「高唐賦」では、古代の楚の王が風光明媚《めいび》な高唐におもむき、たまたま昼寝したところ、一人の女性が夢に現れて自分は巫山《ふざん》の女であると名乗り、王がこの地に来られたと聞いたので「枕席」のご奉仕をしたいと申し出たため、王はこの女性と契りを結びます。女性は去るにあたって、私は巫山の南において朝には雲、暮れには雨となり、朝ごと夕ごとに降りましょうと申し上げたため、王は朝になってそちらを見るとその言葉通りであった、と述べています。男女の交情を「雲雨の交わり」、そうした情愛を「雲雨の情」などと呼ぶ習慣の由来ですね。この場合は、皇帝という条件以外に、夢、そして普通の女性ではない神女という条件も加わっています。

皇帝の愛情の例としては、美女好きであった前漢の武帝と李《り》夫人の例があります。歌舞を得意とする楽人の李延年《えんねん》（生没年不明）が、「一顧すれば人の城を傾け、再顧すれば人の国を傾く（ひとたび振り向けば都市を危うくし、再び振り向けば国を危うくする）」ような絶世の美女について歌って武帝の興味を引き、美貌で舞いも巧みな妹のことだとして引き合わせると、武帝が気にいって寵愛するようになり、妹は李夫人と称されました。李夫人が若くして病没すると、武帝は忘れることができず、死者の魂を招くことができる道士に命じて薬を焚かせたところ、煙のうちに李夫人らしき姿が見えたため、「李夫人歌」を作ったことで知られています。しかし、武帝のこの話では、李夫人は寵愛されただけであって、夫人の側の愛情は描かれていません。

六朝《りくちょう》時代になると、儒教の権威が落ちて老荘思想や神仙思想がもてはやされ、規範に縛られない自由闊達《かったつ》な生き方が礼賛されるようになりました。仏教も少しずつ広まっていき、またその刺激を受けて道教も宗教性を高めて教団化していった結果、神秘的な事柄に対する関心が高まり、さまざまな怪異譚が編集されるようになりました。その中には男女の交情に関する話もかなり含まれています。それらのうち、天女・仙女などの場合の多くは、何か間違いを起こして天や神仙の世界から追放され、地上で若い男と結婚して子供まで産むものの、男の何らかの約束違反がきっかけで元の国に戻ってしまうというパターンです。狐《きつね》などが若い女性の姿で現れ、男と結婚して子を産んでおりながら、夫の約束違反などによって元の姿になって去って行くというのも、こうした類いですね。このような人間以外の相手との結婚の話は異類婚姻譚と呼ばれ、世界各地にあるものですが、去って行く女性は、男性に未練を残さないことが多く、恋物語とはなりにくいものです。

仏教の影響が見られる『捜神記《そうじんき》』『幽明録《ゆうめいろく》』『世説《せせつ》新語』の恋物語

皇帝や仙女や動物の化身などでない普通の男女が恋物語の主人公となる早い例は、晋《しん》の干宝《かんぽう》（?—三三六）の作とされる『捜神記』に見えています。神秘的な逸話を集成したこの書物は、元の三十巻本が散佚《さんいつ》し、後になって佚文《いつぶん》を集めて二十巻本などさまざまな版が編集されました。そのため、後代に潤色が加えられた可能性もあるうえ、愛情の物語であっても怪異という点が主となっているのが特徴です。たとえば、呉王の王女である紫玉が韓重という美少年を好きになった話があります。こんな話です。

二人は手紙のやりとりをして結婚の約束までしたものの、韓重が両親に結婚の申し出を頼んで遊学に出かけたところ、申し出を聞いた王が怒って拒絶したため、紫玉は失意のうちに亡くなってしまった。三年後に帰って来て事情を知った韓重が墓に行って弔っていると、紫玉の魂が現れて墓の中に誘い、三日三晩、夫婦として楽しく過ごした。紫玉は、別れる際に大きな宝玉を与えたため、韓重がそれを持って王に拝謁したところ、王が怒って捕らえようとしたため、韓重は墓のところまで逃げて行った。すると、紫玉が現れて王に事情を説明したものの、王妃が紫玉を抱こうとすると、煙のように消えてしまった。

この話は幽霊となった女性が主人公であって、若い男女の悲恋というより、不思議な現象という点が主となっています。幽霊の話の変型としては、死んだはずの娘が生き返るというパターンもあります。こんな話です。

秦《しん》の始皇帝の時、王道平という青年と父喩という少女が結婚を約束していたが、道平は軍隊に派遣され九年間戻らなかった。父喩の両親は父喩を強引に他の男に嫁がせたところ、父喩は恨みながら死んでしまった。戻って来た道平が墓の前で泣いて逢いたいと訴えると、父喩の魂が現れて自分は道平を思い続けていたと語り、自分の体はまだ腐っていないので棺《ひつぎ》から出してほしいと告げた。そこで、道平が墓を開けると父喩が生きかえったため、家に連れ帰った。話を聞いた父喩の夫が役人に訴えたが、王道平の妻にするという判決が下り、父喩は百三十歳まで生きた。

これは相思相愛であった男女が、苦難の後に結婚してともに暮らすというハッピーエンドになっており、かなり特異な形ですね。若い男女同士の恋愛であるため、父喩の親は認めていませんが、道平の両親は二人を認めていて相手側に結婚の申し出をしている点で、なるべく儒教道徳に従った話にしようとしている様子が見られます。

ほかのパターンとしては、離魂譚があります。宋の劉義慶（四〇三―四四四）の『幽明録』では、石氏の娘が龐阿《ほうあ》という美男子を見かけて好きになり、龐の家に出かけてしまったところ、嫉妬深い妻が下女に命じて娘を縛り上げて家に送り返させます。ところが、娘がまたやって来ていたため、妻がその娘を縛って自分で石氏の家に連れて行くと、意外にも娘は奥で針仕事をしており、縛っていた娘は消えてしまいます。親が家にいた娘を問い詰めると思いを白状し、夢の中で龐の家に出かけて妻に縛られたと語ります。後に龐の妻が病死すると、龐は石氏の娘を娶《めと》った、となっています。これは夢の中で魂が恋しい人のもとに飛んで行ったという例ですね。

これまで見てきた男女の話は、いずれも恋そのものより、怪異の方に重点がありました。ただ、王道平の話で気になるのは、末尾が「精誠、天地を貫き、感応《かんのう》を獲《え》ること此《かく》の如《ごと》し（真心が天地を貫き、不思議な良い結果が得られたことは、このようであった）」としめくくられており、「精誠」、つまり二人の真心が天地を感動させて不思議な現象を起こさせた、と結論づけていることです。「感応」は磁石が引き合うようにお互いに反応し合うことであって、古代からある漢語です。ただ、中国仏教では、天の神や仏菩薩などが真心に感動して不思議で素晴らしい結果をもたらしてくれることを意味しました。右の話では「天地」が感動して不思議な現象を起こしてくれたとなっており、仏菩薩や梵天・帝釈天などの仏教の守護神は登場していませんが、百のアヴァダーナを集めた『アヴァダーナ・シャタカ』を呉の支謙《しけん》（生没年不明）が三世紀前半に訳した『撰集百縁経《せんじゆひやくえんきよう》』には、「精誠」が「感応」をもたらしたという表現がいくつも出てきます。ですから、『捜神記』の右の話自体は古いものであったにせよ、最終的に現在の形に書きとどめたのは、仏教になじんでいた人物であった可能性が高いのです。実際、『捜神記』の話として残っているものの中には、明らかに仏教の影響を受けているものがあり、以下の話もその一つです。

漢の末に、ある郡の太守の娘が、太守の部下の書記に恋をし、婢女《ひじよ》に命じて彼が手を洗った残り水を持って来させて飲み、妊娠して男の子が生まれた。子供が歩けるようになると、太守は部下たちを集めて子供に父親を探させたところ、迷わずに書記に飛びついた。書記が驚いて振り払うと、子は倒れて水になってしまった。太守は娘を問いただし、事情を知って書記に嫁がせた。

これも恋物語ではなく、怪異話ですね。ただ、手を洗った残り水を飲んで妊娠するというのは、面白い説話を集めた『雑宝蔵経《ぞうほうぞうきょう》』巻一に似た話が二つ見えています。「蓮華夫人縁」と「鹿女夫人縁」です。仙人がいつも小便をしている石に「精気」が残り、それを牝鹿《めじか》が舐《な》めて妊娠し、女の子を産んで仙人の住まいの前に置いたため、仙人が我が子として育てると美貌の娘となり、それを知った王が迎えて夫人とするという話です。『雑宝蔵経』は、北魏《ほくぎ》の延興《えんこう》二年（四七二）に吉迦夜《きつかや》と曇曜《どんよう》（ともに生没年不明）が訳し、劉孝標《りゅうこうひょう》（四六二―五二一）が筆録した三世物語です。この話の元になる話は古いジャータカに見えていますし、子供が自分の親を見分ける話も、後代の仏伝に見えています。

このように、六朝の志怪小説になると、怪異譚としてではあるものの普通の男女の恋物語が語られるようになり、さらに六朝も半ばになると、普通の男女の愛情が描かれるようになるのです。しかも、その場合、仏教の影響と思われる点が見られることが重要です。たとえば、劉義慶が後漢から東晋時代にかけての面白い逸話を編纂した『世説新語』のうち、何かに夢中になり過ぎた話を並べた「惑溺篇《わくできへん》」には、以下のような話が収録されています。

荀奉倩《じゅんほうせん》と婦は至りて篤《あつ》し。冬の月に婦、熱を病むや、乃《すなわ》ち中庭に出でて自ら冷を取りて還《かえ》り、身を以て之《これ》を熨《の》せり。婦亡ずるや、奉倩も後、少時にして亦《ま》た卒《しゅつ》す。是《ここ》を以て譏《そし》りを世に獲たり。

【訳】荀奉倩とその妻はきわめて仲がよかった。冬の月に妻が熱病になると、奉倩は早速、中庭に出て自ら体を冷やして部屋に戻り、自分の体で妻を覆って冷やした。妻が亡くなると、奉倩もちょっとしてまた亡くなった。このため、世間から非難をこうむった。

「惑溺篇」に収録され、荀奉倩（二一〇—二三八）は世間から非難されたとあることが示すように、この話は夫婦の純愛の逸話とみなされたのではなく、妻への過度の愛情におぼれ、自分も死んでしまった愚かな話とされたのです。次の逸話はいかがでしょう。

王安豊《おうあんぽう》の婦、常に安豊を卿《けい》とす。安豊曰《いわ》く、「婦人、婿《むこ》を卿とするは、礼に於《お》いて不敬たり。後、また爾《しか》することなかれ」と。婦曰く、「卿に親しみ卿を愛す。是を以て卿を卿とす。我、卿を卿とせずんば、誰かまさに卿を卿とすべき」と。遂《つい》に恆《つね》に之を聴《ゆる》す。

【訳】王安豊の妻は、いつも安豊を「君《きみ》」と呼んでいた。安豊が言った、「女性が夫を『君』と呼ぶのは、礼法上、不敬に当たる。今後、またそうしないようにしなさい」と。妻は言った、「君に親しんでいて、君を愛してるの。だから君を君と呼んでるのよ。私が君を君と呼ばなければ、誰が君のことを君って呼んでくれるの」と。そこで、そう呼ぶことをいつも許した。

「卿」というのは、身分のある親しい男性同士が相手を呼ぶのに用いる言葉であって、「あんた」を上品にした言葉です。最近では、夫のことをやや上から目線で「君」と呼ぶ女性もいるようですので、「君」と訳してみました。高官であって当時の代表的な文人の一人であった王安豊（王戎《おうじゅう》：二三四―三〇五）に向かって、妻が「卿に親しみ卿を愛す」などと語っているのは、儒教の規範が緩んだ六朝ならではのこととはいえ、あくまでも、夫も諦めるしかないほど常識知らずの妻に関する笑い話としてのことです。また、自由闊達に振る舞った竹林の七賢の一人とされる王安豊なればこそ許した、という逸話として収録されているのです。なお、妻のセリフに「卿」の語が続く点は、不倫している男女が喧嘩《けんか》したという設定での「姦夫《かんぷ》が姦婦《かんぷ》を姦婦と呼べば、姦婦も姦夫を姦夫と言う」という早口言葉に近いお遊びの面もあり、面白い話となっています。
右で見た二つの話には仏教の直接の影響は見られないようですが、先に見た漢訳の『仏説摩鄧女経』では、摩鄧女と阿難について、二人は生まれ代わるたびに「常に相い敬し、相い重んじ、相い貪り、相い愛す」と述べられていました。仏教経典のそうした話や表現に接していたからこそ、高官である夫に向かって妻が「君に親しんでいて、君を愛してるの」などと言ったとする儒教社会らしからぬ話が『世説新語』に収録された可能性もあるのです。というのは、『世説新語』には僧侶たちが登場する話が多く、彼らの頓知に富んだ逸話や僧侶の風流に関する逸話が数多く収録されているためです。編者の劉義慶にしても仏教に親しんでおり、仏教の霊験記である『宣験記』や仏教の怪異譚を集めた小説集の『幽明録』などを編纂していることは無視できません。実際、「惑溺篇」には仏教の影響を受けていることが明白な話も収録されています。こんな話です。

西晋の高官の賈充《かじゅう》は美青年の韓寿を気にいって取り立てた。家に招くたびに、賈充の娘はいつもその姿を覗《のぞ》いて恋するようになり、思いを詩にした。婢女が韓寿の家に行ってそのことを伝え、娘が美しいことを知らせると、韓寿はそれを聞いて「心が動き」、婢女を通じてこっそり手紙のやりとりをするようになった。ある時、娘と約束しておいたうえで、常人離れした身軽さで塀を乗り越えて娘の家に入って宿ったが、家中の者は誰も知らなかった。賈充は、娘が化粧に励んで浮き浮きするなど、いつもと様子が違う点があるうえ、皇帝から頂戴した外国の希少な香の匂いが韓寿から発したため、娘と通じているのではないかと疑い、娘の婢女たちを取り調べたところ、思った通りだった。そこで、ひそかに娘を韓寿と結婚させた。

以上です。ここには仏教に関わる要素は見えませんが、表現は漢訳経典の影響を受けているため、後になって潤色されたことは明らかです。たとえば、賈充（二一七―二八二）の娘が韓寿（?―二九一頃）に対する思いを詩にしたという部分は、「発於吟詠（吟詠を発す）」となっており、また娘の様子がいつもと違うところがあるという箇所は、「有異於常（常に異なる有り）」となっています。どちらも「発吟詠」や「有異常」と書けば十分であるのに、虚詞の「於」を入れて四字句にし、読み上げやすくするのは漢訳経典の特徴です。漢訳経典の多くは、「如是我聞《にょぜがもん》、一時仏在《いちじぶつざい》……（是《かく》の如く我聞けり。一時、仏、～に在りて）」という四字句で始まっていますね。ほかにも、「之を聞きて心動き（聞之心動）」とあるうち、「～して心が動く」という言い方は、仏教伝来以前の中国古典には見えず、漢訳経典にはしばしば見えるものです。たとえば、鳩摩羅什の訳とされていますが、実際には羅什による興味深い解説が大量に盛り込まれている『大《だい》智度論《ちどろん》』のうち、巻十七の一角仙人の逸話のうち、修行中の一角仙人が遊女の誘惑を受けて交わってしまい、神通力を失う場面では、女の手が柔軟だったという文に続けて「之に触れて心動く（触之心動）」と記されています。

また、常人ならぬ身軽さで塀を乗り越えるというのは、詩作を得意とする中国の文人青年の振る舞いとは思われず、インドの古典劇で活躍し、孫悟空のモデルになった猿のようですね。ともあれ、インド仏教では、最後を教訓めいた形にすればどんな恋愛譚でも語ることができたように、仏教受容期の中国では、「惑溺篇」という枠に入れて批判する形で普通の男女の愛情に関する話を語り始めたと考えられるのです。

菩薩と呼ばれた皇帝の艶詩

前漢の武帝のところで触れたように、皇帝は一方的に女性を寵愛するだけであるのが伝統でした。ところが、女性と濃厚な愛の詩のやりとりをするようになった皇帝が現れました。それは意外にも、中国史上で最も仏教信仰が篤かったことで知られ、皇帝菩薩と称された梁《りょう》の武帝

（在位：五〇二―五四九）です。武帝は、晩年は女性や肉や酒を遠ざけて仏教に打ち込みましたが、若い頃は女性と文学を愛し、多くの艶っぽい詩を作っています。この時代は、旅におもむいた夫と逢えない恋しさを詠った思婦詩や、冷たくなった夫を恨む棄婦詩がさらに洗練されて優美な詩風となった作が、男性の文人によって大量に作られました。そうした詩は閨怨詩《けいえんし》と呼ばれます。「閨《ねや》」とは女性の部屋のことであって、実質的には邸宅の奥の部屋にいる女性を指し、「閨怨」は上流の女性のつらい思いを意味します。そのような閨怨詩を含め、男女の愛情を詠った詩を中国では情詩と呼びますが、その情詩が最も盛んに作られたのが、優美な貴族文化が栄え、また仏教が盛んだった南朝の梁の時代でした。しかも、その代表がまさに武帝と、その皇子であって後に簡文帝となる蕭綱《しょうこう》（五〇三―五五一）だったのです。蕭綱が古代以来の情詩を編纂させた『玉台新詠《ぎょくだいしんえい》』において、作者が分かる詩で最も多く採録されているのは、蕭綱と武帝の詩です。

中でも注目されるのは、巻十に収録されている武帝の「子夜歌《しやか》二首」です。「子夜歌」は、女性が男性に呼びかける哀調を帯びた民間の情詩であって、それが宮中で洗練され、女性の楽団による伴奏で歌われました。武帝は愛らしい妓女《ぎじょ》について「子夜歌」の型式でこう詠っています。

愛を恃《たの》みて進まんと欲する如きも
羞を含んで肯《あえ》て前《すす》まず
朱口、艶歌を発し
玉指、嬌弦を弄ぶ

【訳】愛情を頼みにして進み出たいようではあるものの
はにかんでしまって敢えて前に進み出ようとはしない
紅をさした赤い口で艶っぽい愛の歌を歌い
玉のような指でなまめかしく響く弦をつまびくのみだ

恥ずかしがって近づこうとはしないとはいうものの、自分の恋ごころが伝わるような色っぽい歌を歌うわけですよね。これほど愛らしい妓女となれば、男がほうっておけるはずはありません。こうした魅力的な妓女と一夜をともにした翌朝の様子はこうなります。

朝日、綺銭《きせん》を照らし

光風、紈羅《がんら》を動かす
巧笑、両犀倩《りょうさいせん》たり
美目、雙蛾《そうが》を揚ぐ

【訳】朝日が、あやぎぬを張った銭形の飾り窓を照らし
きらめく風が女の白い薄絹の衣を吹き動かす
魅力たっぷりに笑うと、口もとからのぞく左右の糸切り歯が可愛らしい
美しい目で見上げると、左右の細い眉があがる

「雙蛾」とは、「蛾眉」という言葉に基づく表現であって、蛾の触角のように細い三日月形の眉を指し、そうした眉が魅力的とされていました。それが「揚」がるというのは、肌が透けるような薄絹の衣をまとって豪華な寝台に寝ている女が男を上目づかいに見上げると、その美しい眉がちょっとあがるということです。色っぽいですね。この詩は祭祀における巫女のなまめかしい様子を詠った『詩経』衛風《えいふう》の「碩人《せきじん》」の表現を用い、朝の床の美女の姿を描いたものです。武帝の次の「歓聞歌」はさらに問題です。「歓聞」とは、句の後につけられるはやし言葉ですので、この歌ははやし言葉をともなって歌われたことが分かります。実際に、はやしたて

たくなるような内容です。

艶艶《えんえん》たり金楼の女
心は玉池《ぎょくち》の蓮の如し
底《なに》を持ちて郎の恩に報いん
倶《とも》に梵天に遊ばんと期す

【訳】なまめかしいことよ、黄金の楼閣に住む女
心が清らかなことは、極楽の宝玉の池に咲く蓮のよう
何によってあなたの愛情に報いたらよいでしょう
一緒に梵天に昇ろうと心に決めているのです

この歌は、北宋の郭茂倩《かくもせん》（一〇四一―一〇九九）が編纂した『楽府《がふ》詩集』では、武帝が寵愛していた妓女の王金珠（生没年不明）の作とされています。実際、音楽が得意であった王金珠は、武帝との応答と思われる艶っぽい詩も作っていますが、自分のことを「心は玉池の蓮の如し」などと言うのはさすがに不自然です。また、この時期は男性の文人による閨怨詩の全盛期であ

るため、武帝が王金珠はこう思っているだろうということで詠んだものであって、そのため、後には王金珠の作とされるようになったと見るべきでしょう。

この詩は最初から最後まで仏教用語で満ちています。まず、「金楼」とは、豪華な楼閣ということですが、六朝以前の中国の古典には見えないのに対し、漢訳経典ではしばしば「銀楼」や「銀床」「銀牀」などと対になって登場します。「玉池」は、むろん、『無量寿経』などに見えている金銀宝石の沙《すな》で敷き詰められた極楽浄土の池のことであり、そこには蓮華が咲いているのです。蓮は泥の池に生えても汚れずに清らかな花を咲かせますが、極楽の清浄な池であればなおさらのことであって、そのように心が清らかだというのです。「郎」は、女性が男性のことを親しみを持って呼ぶ場合の呼び方です。こういう場合の「恩」というのは、中国では夫が妻を思いやることですが、ここでは金楼に住まわせている妓女に対する皇帝の愛情を指しているのでしょう。その愛情にどうやって報いたらよいでしょうと自問し、「一緒に梵天に昇ろうと心に決めている」というのですが、「死んだら一緒に梵天に生まれて楽しく暮らしましょう」では、並外れた寵愛に対する恩返しにはなりません。ここは、「天にも昇るような楽しみを一緒に味わいましょう、そうさせてあげます」と心に期しているということであって、かなりきわどい表現になっているのです。

この詩が作られたのは、武帝が女色を遠ざけるようになる前のことです。武帝は若い頃、多くの仏教文献を著作・編集した親族の竟陵王《きょうりょうおう》（四六〇—四九四）の文学サロンに通い、「竟陵《きょうりょう》八友《はちゆう》」と呼ばれる風流な文人仲間の一人となっていたのですから、この詩を作った時は、すでに仏教信仰を持っていたと考えるのが自然でしょう。この当時は、恋歌の作成の面でもまた作曲の面でも、僧侶が有力な役割を果たしていました。梁の前の王朝である南斉《なんせい》の代に音曲の分野で活躍した僧、宝月（生没年不明）は、斉の武帝（在位：四八二—四九三）が自らの伝記を詩にした「估客楽《こきゃくがく》」に宮中の音楽係の長官が曲をつけかねていたため、勅命を受けて作曲し、別の歌詞も作って献上したと伝えられています。その武帝の第二子であった竟陵王は、聖徳太子が手本としたほど熱心な仏教信者であって多くの僧尼を支援していたうえ、新しい節をつけて経典を吟じる夢を見、目が覚めてから楽人たちと新たな梵唄《ぼんばい》（声明《しょうみょう》）を定めたと伝えられるほど仏教音楽に打ち込んでいました。

そうした竟陵王と親しくしていた梁の武帝が長らく統治した梁の時代の三大法師の一人とされ、聖徳太子の作である『法華義疏《ほっけぎしょ》』の手本となった『法華経義記』を著した光宅寺法雲（四六七—五二九）も、歌曲に通じていました。『古今楽録』によれば、法雲は天監十一年（五一二）に武帝に命じられ、男女掛け合いの歌である「懊儂歌《おうのうか》」を改めて「相思曲」を作っています。

「懊」と「儂」は南地の言葉であって、「懊」は「あなた」、「儂」は「わたし」ですが、後者は女性の自称の語であって、「わらわ」を庶民的にしたような言葉です。また、同年に武帝は宮中での講経を終えて宴会となった際、こうした情歌を演奏させ、参加していた大徳たちにその曲に相当する経典の言葉を言わせた由。その際、武帝は法雲に、熱烈な恋情を歌う湖北省あたりの民歌である「西曲」の一つであって、恋しい人との河辺での別れを歌った次の「三洲歌」をどう思うか尋ねたと伝えられています。

三洲断江の口《ほとり》
水は窈《よう》窕《ちょう》たる河の傍らに従いて流る
啼きてまさに別れんとし
共に来りて長く相い思う

【訳】三洲が揚子江《ようすこう》の流れを遮るあたり
水はゆったりと洲に沿って流れていく
泣いてあなたと別れようとして
ともにこの地に来ましたが、以後ずっとあなたを思い続けます法雲は、この曲は自分などがきちんと鑑賞できるものではありませんと謙遜したうえで、「啼きてまさに別れんとし（啼将別）」とある箇所は素朴過ぎるうえ、経典が説いているように、楽しみがあってこそつらい別れとなるのだから、「歓《よろこ》びて、まさに楽しまんとし（歓将楽）」に改めた方がよいと進言したそうです。「歓《くわん》」というのは、江南にあっては女性が愛する男性に用いる「あなた」という言葉でもあり、「子夜歌」でしばしば用いられた呼び方です。ですから、「歓」を動詞ととれば「喜んで」ですし、呼びかけと見れば、「さあ、あなた」ということになります。つまり、法雲は、「蓮子《れんし》（蓮の実）」という語に同じ発音の「憐子《れんし》（あなたを恋しく思う）」を掛けるような江南の民歌によく見られる双関語（掛詞）を利用し、「歓」の字に二つの意味を掛けたのです。港の遊女が舟に乗って旅立って行く商人の恋人との別れをひたすら悲しむ曲を、いとしい人との河辺での行楽の楽しさを歌う曲に変えたのですね。その後では、やはり悲しみが待っているわけですが。

僧侶が恋歌や音楽に関わるようになったのには事情があります。インドの経典読誦《どくじゅ》の節づけは、中国人にはなじみにくかったうえ、伝統の詩形に合わせて漢訳された経典の文句は、インド風な旋律にのせて吟唱しにくかったのです。中国の上流階級にとって自然で美しく感じられる音楽とは、楽人たちが演奏する伝統音楽や貴族社会に持ち込まれて洗練された民歌であり、そうした旋律によく合う詩形は伝統的な楽府の類いでした。中国の仏教音楽は、三つの源流を持っていたと言われています。つまり、伝統的な男女の相和歌、江南の情熱的な呉歌、そして、鳩摩羅什の出身地である西域の亀茲《クチャ》の音楽が西域に接する河西地方で中国化された西涼の音楽です。このため、仏教音楽は恋歌と深い関係を持つようになり、僧侶が恋歌を改作したり、宮廷の音楽役所たる楽府と関わったりすることになったのです。実際、梁代までの情詩を数多く収録し、『楽府詩集』の主な材料となった『古今楽録』を編纂したのは、陳《ちん》の僧である釈智匠（生没年不明）でした。

右で見たような梁の武帝の情詩は、皇太子であった昭明《しょうめい》太子（五〇一—五三一）が若くして亡くなると皇太子となり、後に二代目の皇帝、簡文帝となった蕭綱に受け継がれます。皇太子時代の蕭綱は多くの文人を集め、濃艶な詩風を流行させたため、この種の詩は宮体詩と呼ばれました。父の武帝はその頃には厳粛な仏教天子となっていたため、蕭綱の若い頃からの家庭教師役であった徐摛《じょきん》（四七二—五四九）を叱責したものの、徐摛は『詩経』の淫詩も道徳的な教化に役立つのと同様ですと弁解したため、武帝も全面的に禁ずることはなかったようです。

そのためか、皇太子時代の蕭綱は妓女に関する数多くの情詩を作ったうえ、「孌童《れんどう》（なまめかしい少年）」というそのものずばりの題で、少年愛の相手となる美少年が朝に晩に媚《こ》びるような目つきで微笑《ほほえ》む様子を詠った詩まで作っています。問題は、この簡文帝も仏教信仰が篤く、皇太子時代に自ら仏典を見て分類を指示し、多くの学者たちに命じて『法宝連璧』と題する二百巻ないしそれ以上の大部の仏教用例辞典を編纂させていることです。これは、仏教熱心であった父の武帝に対するアピールという面もあったでしょうが、当時の梁は仏教全盛の時代であって、儒教の学者までもが仏教に親しんでいました。そうした時代に人気となり、後に志怪小説と称されるようになった怪異譚集が仏教の影響を受けたのは当然のことでしょう。

その仏教も、時代によって受容の仕方が変わっていきます。受容当初は、野蛮な異国の教えだとする反発も強かったうえ、経典を漢訳する際は中国に合うように変えていました。インドの章で見た『ガンダ・ヴィユーハ』中の高級遊女が王子に恋する話は、仏駄跋陀羅《ぶつだばだら》（三五九—四二九）が四一八年から四二〇年にかけて漢訳した『華厳経』の「入法界品」では、話の筋はまったく変えられています。つまり、遊女の娘という点は省かれ、娘が太子を見そめて恋したのではなく、旅していた太子が娘を見かけて美貌に惹《ひ》かれ、妃の一人として差し出すように母に求めたところ、それを聞いた娘は、そんなことになったら自分は死んでしまうと拒否した、という話に変えられているのです。時代が下ると、次第に原文に忠実に訳すようになりますし、唐代の玄奘《げんじょう》三蔵（六〇二―六六四）になると直訳をめざすようになりますが、それでも中国では受け入れにくい部分は多少変えて訳してあります。

ただ、先に触れた『ブッダチャリタ』を、文才に富んだ宝雲（三七五―四四九）などが訳した『仏所行讃《ぶつしょぎょうさん》』では、「可愛らしい乳房のヤショーダラー」とあった部分を「賢い妃の耶輸陀羅《やしゅだら》」と訳すなどしているものの、美女たちが太子を誘惑する様子を描いた箇所は、以下に見るように、なんとも色っぽい文章になっていました。

往きて太子の前に至り、各の種種の術を進む。歌舞し或《ある》いは言笑し、眉を揚げて白き歯を露《あら》わし、美目もて相い眄睞《べんらい》し、軽衣もて素身を現し、妖しく揺れて徐《おもむ》ろに歩み、詐り親みて漸く習近す。……或いは扶《たす》けて身を抱く有り、或いは為《ため》に枕席を安んじ、或いは身を傾けて密語し、……或いは衆の欲事を説き、或いは諸の欲形を作《な》し、規《はか》りて以て其《そ》の心を動かさんとす。

【訳】太子の前まで歩いて行き、それぞれいろいろな誘惑の手管を披露してみせた。歌い舞い、あるいは談笑し、眉をあげて白い歯をのぞかせ、美しい瞳で流し目をし、薄い衣ごしに素肌を透けて見せ、なまめかしく体を揺らしながらゆったり歩み、いかにも親しそうにして少しずつ近づく。……あるいは支えるようにして抱きついたり、あるいは太子のために寝床の準備をしたり、あるいは体をもたれかけてひそひそと囁《ささや》き、……あるいはたくさんの快楽の行為について語り、あるいは欲望をかきたてるさまざまなポーズをとって、太子の心を動かそうとはかった。

ここでも乳房の描写は省かれており、原文では「薄い絹をまとったお尻を彼に見せながら」とあるところを、「軽衣もて素身を現し（薄い衣ごしに素肌を透けて見せ）」とするなど遠回しに訳していますが、逆にかえって想像をかきたてるような文章になっています。当時の中国の真面目な仏教信者はもちろんのこと、新鮮な表現を求めていた文人たちがこうした箇所を読んだら、衝撃を受けたことでしょう。仏教と文学と音楽が盛んであった南朝の梁やその気風を受け継いだ陳朝において、漢訳経典のこうした表現が男女の愛情に関する詩や物語に影響を与えたのは当然なのです。

唐代の恋愛文学（一）　妓女の登場と『遊仙窟』

仏教がさらに盛んとなった唐代では、八世紀初めから、中国化された実践的な仏教であって、心を重視する禅宗が急激に広まっていきます。そのきっかけとなったのは、唐の高宗（在位：六四九―六八三）の皇后として早くから権力を握り、周を建国して中国史上で唯一の女帝となった則天武后（在位：六九〇―七〇五）が、高齢の禅僧たちを宮中に招いて供養したことです。このため、八世紀中頃の洛陽と長安では、官人の夫人など上層の女性の間でも禅が流行し、修行して指導する立場となる者も出てきました。その禅宗の内部や周辺では、釈尊や菩提達磨《だるま》に仮託し、心の意義を説いた偽経や論書が次々に作られており、そのうちのきわめて重要な偽経の一つが摩登伽《まとうが》の娘と阿難が登場する『首楞厳経《しゆりようごんきよう》』です。また、東西貿易で栄えた長安などでは、街の一画に高級な妓楼が立ち並ぶようになり、零落した名家の教養ある娘などが娼妓《しようぎ》となって、学識のある文人や官吏登用試験である科挙をめざして学問に励む青年などとやりとりするようになりました。これが文学作品とされるようになった結果、これまでの天女・仙女に代わって、教養ある妓女が主人公となる話が増えていくのです。その過渡期に生まれた好色本の代表が『遊仙窟』です。則天武后が活躍した頃の文人である張鷟《ちようさく》（生没年不明）の作とされていますが、実際には不明です。

この作品は、科挙に合格したばかりの張文成という青年が、地方の役人となって赴任する途中で、黄河上流にある風景絶佳な地の豪華な邸宅に二人の絶世の美女が住んでいると聞き、十娘と呼ばれる娘と五嫂と呼ばれるその兄嫁に出逢い、機知に富んだ誘いかけやからかいの漢詩のやりとりをした後、十娘と濃厚な一夜を過ごし、翌朝別れて旅立っていくという内容です。仙郷における仙女との一夜限りの交渉であるかのような設定になっていますが、二人の交歓の部分は美文による性的な描写が連ねられており、実際には遊里での才色兼備の娼妓との交渉を描いた上質のポルノグラフィとなっています。当時の史書によれば、新羅《しらぎ》と日本の使節がやって来ると、医書と『遊仙窟』はどれほど高くても買い求めていった由。実際、『遊仙窟』は中国では散佚してしまったものの、日本では平安貴族に愛好されて恋歌の応答の手本とされ、寺院などにも写本が残されています。

唐代の恋愛文学（二）　白行簡《はくこうかん》の『李娃伝《りあでん》』

この『遊仙窟』は美しい詩文で構成されていたため、以後、妓女との恋物語、あるいは妓女を思わせるほど自分から積極的に行動する娘と青年の恋物語を美しい文章で書く文人が増えました。その代表が、白居易《はくきょい》（七七二―八四六）、その弟の白行簡（七七六―八二六）、そして白居易と生涯を通じた親友であった元稹《げんじん》（七七九―八三一）です。

白行簡から見ていきましょう。白行簡は、才色兼備の娼妓である李娃と地方の長官の息子との恋を描いた『李娃伝』という物語を書いています。長安では平康という地区に妓楼がいくつもあり、ここの妓女たちは呼ばれれば宮中でも奉仕しましたが、国家が費用を出してかかえていた官妓と違い、ある程度自由に振る舞うことができたのです。こんな話です。

科挙の受験のために長安に上京してきた地方の長官の息子は、たまたま李娃を見かけて夢中となり、父が用意した費用をすべてつぎ込んでしまう。だが、文なしになった途端に捨てられ、病気になった。死にそうになったところを葬儀屋たちに救われ、仲間として暮らすことになった。弔いの挽歌の名手となったため、東西の葬儀屋が対決する催しに代表として出場し、人の命ははかないことを説く「薤露《かいろ》」を歌って聴衆を泣かせたが、その姿を父親に見られてしまった。怒った父に鞭《むち》打たれて死にそうになったうえ、体も膿《う》みただれて乞食の生活となった。それを目にした李娃は、引き取って心をこめて看病し、励まして科挙の勉強をさせ、首席で合格させた。息子が四川省の成都の役人に任じられておもむき、その地の長官となっていた父と再会すると、事情を聞いた父は李娃を息子の嫁として迎え入れた。李娃は嫁として立派に尽くし、息子も後に長官となって一族が栄えた。

いかがでしょう。仏教の話は出てきませんし、父母に制約されず自主的に行動する妓女という点で、普通の若い女性とは異なっていますが、これまで見てきた六朝の志怪小説とはまったく違う世界が展開されていることは明らかですね。この白行簡は、男女の性愛こそが人間の根本であり、これほど素晴らしいものはないと主張してその性愛の様相について詳細に説いた『天地陰陽交歓大楽賦《たいらくのふ》』という作品を残しています。むろん、中国では失われてしまい、二十世紀になって敦煌《とんこう》文書に残っていることが発見されて話題になりました。そのような人物だからこそ、『李娃伝』のような愛情物語を書くことができたのですね。

唐代の恋愛文学（三）　元稹の『鶯鶯伝《おうおうでん》』

白行簡の『李娃伝』と似た面があるのが、友人仲間であった元稹の『鶯鶯伝』です。この作品は、『遊仙窟』とともに『伊勢物語』などに影響を与えたことで知られています。『鶯鶯伝』はこんな話です。

貞元年間（七八五―八〇五）に張生、つまり張という書生がおり、二十三歳になっても女性に近づいたことがなく、それは自分が本当の色好みであるためだと言っていた。張生が蒲州に旅に出た際、普救寺に宿ったところ、富裕な崔家の寡婦と娘の鶯鶯が宿泊しており、遠縁であることが分かった。当時、軍人が略奪を働いていたが、張生が州の将校に働きかけて寺を守ってもらったため、夫人は感謝して寺の広間で盛大な宴会を開き、鶯鶯に挨拶させせた。張生は鶯鶯に一目惚《ぼ》れし、侍女に仲介を頼んで詩を送ったところ、夜に会いに来てほしいような手紙を得たため、ある夜、崔家の外にあった杏《あんず》の樹によじのぼって塀を越え、表座敷の西側の離れの部屋に入ると、現れた鶯鶯から厳しくとがめられた。ただ、その数日後、張生が自宅の軒近くの部屋で寝ていると、侍女が布団と枕を持ち、恥じらっている鶯鶯を連れて来たため、歓喜して夜をともにしたが、明け方に寺の鐘が鳴り、鶯鶯は侍女にうながされて泣きながら去って行った。その後、しばらく密会を続けた後、張生は科挙のために旅立って離ればなれとなってしまった。元稹は張生の友人であったため、この話を聞いて張生が作った「会真詩」に続く詩を作った。張生は鶯鶯とはそれきりにしてしまったので、元稹が理由を尋ねると、絶世の美人は災いを起こすものであるから恋情を抑えたのだと語った。そして、鶯鶯は他の人に嫁ぎ、張生も結婚した。張生はたまたま鶯鶯の嫁ぎ先の横を通った際、従兄弟《いとこ》として逢いたいと申し入れたが、鶯鶯は断りの詩をよこしたのみで逢うことはなかった。私、元稹は友人たちにたびたびこの話をしたが、それは張生のように惑わされることがないようにするためだ。

以上です。かなり無理のある筋立てですね。この話は、男女が手紙のやりとりをする点、青年が塀を乗り越えて女性の家に入る点など、『世説新語』「惑溺篇」の賈充の娘と韓寿の話に基づくと思われる部分があるものの、仏教経典の恋愛話の影響はなさそうです。ただ、張生と鶯鶯が出逢うのは寺であり、ようやく一夜をともにすることができた二人を引き裂くのが早朝の寺の鐘であるなど、仏教が広い意味で背景になっているように見えます。この『鶯鶯伝』で重要なのは、元稹が自らを作中に登場させ、張生の「会真詩」に続くかなり艶っぽい詩を載せ、二人の情愛を詠っていることです。つまり、漢代以後、詩を書く場合は国家を思い、自らの志を述べるのが知識人の役目とされてきたのに対し、『鶯鶯伝』では、末尾で美女に惑わされないよう戒めを述べているとはいえ、若い娘が夜中に自分から男の部屋におもむく恋愛話を書き、自分の名を出してその男女の情愛に共感する濃厚な詩を作中に載せ、世間に公にするようになったのであって、これは大変な変化です。元稹は若くして亡くなった妻の韋叢《いそう》を悼む悼亡詩三十三首を作っていたうえ、政治批判をおこなって元和《げんわ》五年（八一〇）に江陵に左遷された際は、若き日の恋人との別れ、妻との死別、そして左遷の非運を詠んだ長編の「夢遊春七十韻」を作って白居易に送っています。白居易はこれに和して「和夢遊春一百韻」を作り、仏教の教えに従って煩悩を断つよう勧めました。白居易は、杭州《こうしゅう》の刺史（知事）であった長慶四年（八二四）には、隣の越州の刺史であった元稹らと費用を出し合い、風光明媚で知られる杭州西湖《せいこ》中の孤山寺の石壁に『法華経』を刻ませています。白居易と元稹は仏教信仰仲間だったのです。

唐代の恋愛文学（四）　白居易の「長恨歌《ちょうごんか》」

白居易は単に仏教を信仰するばかりでなく、自ら禅僧に師事して坐禅もしていました。ただ、多情であって酒と女性と音楽と文学を愛していた白居易は、仏教を素材として遊ぶこともありました。孤山寺の花の美しさを称《たた》えて僧たちに送った詩では、この寺の山石榴《やまつつじ》の赤い花は妖艶であって、その香りは坐禅人に触れようとしているようだと述べ、「恐らくは是れ天魔の女《むすめ》の化身ならん」としめくくっています。つまり、修行中の釈尊のもとに魔王の娘たちが妖艶な姿で現れて邪魔をしたが、僧たちを誘惑して坐禅の邪魔をするこの美しい花もそうした魔女の化身ではなかろうかと、冗談を言っているのです。このように、漢訳経典はアジア諸国の文学のために新たな素材と表現を提供した結果、それで遊ぶ文人も出てきたのです。

その白居易の「長恨歌」は、『鶯鶯伝』以上に有名な恋物語であって、中国と東アジア諸国すべてに大きな影響を与えました。モデルとなった事件も作品自体も有名ですが、まず背景を説明しておきましょう。皇后を亡くした唐の玄宗（在位：七一二―七五六）は、第十八子の李瑁《りぼう》（?―七七五）の妃であった楊玉環《ようぎょくかん》（七一九―七五六）の美しさに魅せられ、離婚させていったん道教の寺に入れ、太真という名の女冠（女道士）とした後、後宮に迎え入れて貴妃とします。以後、楊貴妃を溺愛して政治を怠り、貴妃の又従兄である楊国忠（?―七五六）などの親族を登用したため、反発が高まって安禄山《あんろくざん》（七〇三―七五七）が乱を起こし、洛陽を陥落させました。玄宗が長安を逃れて蜀《しょく》に向かおうとしたところ、馬嵬《ばかい》の地まで来たところで兵士たちが騒乱の元である楊国忠などを殺したうえ、楊貴妃も殺すよう要求したため、玄宗は抵抗したものの、最後にはそれを認めます。反乱がおさまった後、長安に戻った玄宗は、楊貴妃の姿を絵に描かせ、朝夕眺めて暮らしたと伝えられています。

白居易は、元和元年（八〇六）に友人の陳鴻《ちんこう》（生没年不明）・王質夫《おうしつふ》（生没年不明）とともに長安郊外の仙遊寺に遊んだ際、話が玄宗と楊貴妃のことに及び、三人とも感銘を新たにしました。王質夫は白居易に酒を差し出し、こうした珍しいことは忘れられてしまわないように、詩に深く通じていて多情の人であるあなたが歌にすべきだと勧めたため、白居易が絶世の美女は危険な存在であることを知らせるために「長恨歌」を書き、陳鴻にその注釈である『長恨歌伝』を作らせた、と陳鴻は『長恨歌伝』の末尾で述べています。白居易は、生前に自分の著作集をまとめた際も、この『長恨歌伝』を「長恨歌」の前に置いています。このため、中国では、「長恨歌」は楊貴妃をとがめ、貴妃におぼれた玄宗のような失敗をしないよう戒めのために書かれたとする説が有力でした。そうした面もないとは言えませんが、戒めというのは半分は表向きのポーズでしょう。「長恨歌」の概要は以下の通りです。玄宗と楊貴妃がモデルであることは誰が見ても分かるものの、白居易はさすがに遠慮し、前漢の武帝のイメージを利用して漢代の話にしてあります。

色好みであった漢の皇帝は、楊家の邸宅の奥で人知れず育てられた娘が絶世の美人であることを聞いて召し出し、別宮にあった皇帝の温泉を使うことを許した。温泉の湯は、白くなめらかな肌の上を流れていく。侍女が娘を手で支えて扶け起こすと、なまめかしくて歩く力もない。そうした姿で皇帝と春の夜をともにした結果、皇帝は早く起きて政治をおこなうことがなくなった。以後、寵愛が増すばかりであり、その親戚までが異様な出世をとげた。その結果、政治が乱れて内乱が起き、皇帝は蜀の地に逃れるために一行をひきつれて長安の都を出発した。しかし、軍隊がこれを不満として動かなくなったため、兵乱のきっかけであった美女は皇帝のすぐ前で死ぬこととなった。皇帝はそれを救うことができず、血の涙を流して都から離れていった。状況が好転して都に戻ることができたものの、何を見ても悲しい思い出ばかりであって、夢にも現れてくれない。たまたま、死者の魂を呼び寄せることができる道教の方術の士がいたため、臣下が皇帝のためにその方士に探させたところ、天上から地下の死者の世界まで飛び回って求めたものの、美女の姿は見えない。ただ、海のかなたに仙山があり、そこにいる太真という美しい仙女がそれだろうと聞いた。そこで方士が訪ねて行くと、寝ていた太真は驚いて起き、どうしようかと行ったり来たりした後、方士に会いに出て来た。起きたばかりで雲のような髷《まげ》は半ば傾き、花のような冠も調えずに堂から下りて来て、探してくださった皇帝に涙を流して感謝し、思いを語る。「ここ蓬萊宮《ほうらいきゅう》で過ごす時間が長くなってしまいましたが、下の人間世界を眺めても、長安は見えず、塵のもやもやが見えるばかりです。昔の思い出の品として、螺鈿《らでん》の函《はこ》の蓋《ふた》と、金のかんざしを二つに裂いた片方をお持ち帰りください。二人の心が金と螺鈿のように固ければ、天上であれ人間世界であれ、必ずお逢いできるでしょう」と。天地は長久であってもやがて尽きるが、この痛恨の思いはいつまでも絶える時はないだろう。

以上です。玄宗は道教に入れ込んでいた皇帝ですし、楊貴妃は女道士になったことがあるうえ、「長恨歌」では、死んだ後は海上の仙山中の蓬萊宮に住む仙女となっていたとされています。このため、「長恨歌」は仙女と人間の男の恋を描いた物語の一つであって、道教文学とされてきました。しかし、方士の訪問を受け、あわてて寝起きの色っぽい姿で登場する様子は高級な妓楼の娼妓のようにしか見えません。つまり、儒教の制約があった中国において、男女の恋を描くことを可能にした条件である皇帝、仙女、幽霊に加え、唐代で加わった妓女という要素まで見事に揃っているのです。しかも、朗唱しやすい見事な文で書かれていたのですから、発表されるとたちまち大評判になって全国に広まり、あちこちの壁に書かれたのは当然でしょう。白居易は、元稹にあてた手紙の中で、ある妓女が自分は「長恨歌」を朗唱できるという理由でほかの妓女より高い花代を要求したという話を伝えています。白居易は、自分は社会や政治の乱れを指摘し、古代の理想的なあり方に復帰させるための諷諭《ふうゆ》詩を本領としているのであって、「長恨歌」のような作品ばかり有名になるのは困るといった愚痴をもらしていますが、実際には、「長恨歌」が大流行したこと、それも妓女たちの間で大人気となったことについては、まんざらでもなかったようです。

「長恨歌」は道教文学とされてきたわけですが、この本をここまで読まれた人なら、仏教の影響を何となく感じられたことと思います。実際、その通りであって、「長恨歌」は実は漢訳経典、それも仏伝の表現を利用していることを私は以前指摘しました。そもそも、中国の伝統的な詩では、美女の色っぽさについて描く際は、袖からのぞく腕の肌が白いといった程度の記述にとどまっていました。これに対し、「長恨歌」の女主人公は裸なのであって、しかも、温泉の湯で上気して妖艶さが増しているのです。「長恨歌」は、楊家の美しい娘について、こう述べています。

楊家に女《むすめ》有り、初めて長成す
養われて深閨《しんけい》に在り、人、いまだ識らず
【訳】楊家に娘がおり、ようやく成人したばかり
大事に育てられて奥の部屋で暮らし、世間の人はまだ知らない

そして、その娘が皇帝の離宮に召され、初めて寵愛を受ける前に温泉に入る場面を、次のように描いています。

春寒くして浴を賜う華清の池
温泉、水滑らかにして凝脂を洗う
侍児、扶け起こせば、嬌として力無し
【訳】春まだ寒く、華清の池の皇帝用の温泉で浴することを許された
温泉の水は滑らかで、白くてきめこまかい肌を洗う
侍女が扶け起こすと、なまめかしくて力が抜けたよう

なんとも色っぽい描写ですね。単に「閨」とするのではなくて「深閨」となっているのは、大きな邸宅の奥の部屋で大事な女性がひっそりと暮らしていることを示します。「凝脂」は白く固まったラードのことであって、『詩経』中の淫詩とされる衛風「碩人」に、手は柔らかい花のようで、「膚は凝脂の如し」とある箇所に基づいています。問題は、「侍児、扶け起こせば、嬌として力無し」の部分です。『仏所行讃』では、悉達羅他（シッダールタ）太子が夜中にこっそり宮を出て修行に向かったと聞いた育ての母は、次のように嘆きます。

深宮に生長し、温衣細軟の服、浴するに香湯を以てし、末香、以て身に塗る。今は則《すなわ》ち風

露に置き、寒暑、いずくんぞ堪えるべけん。……子を念《おも》いて心悲痛し、悶絶して地に躄《いざり》す。侍人、扶けて起たしめ、為に其の目の涙を拭う。

【訳】「あの子は宮中の奥深いところで生まれ育ち、暖かい衣や柔らかな服を着、浴する際は（水でなく）香りをつけた湯を用い、（湯浴みが終わると）末香を体に塗っていました。今は風や露に身をさらしていますが、暑さ寒さをどうして耐えることができましょう」。……母の妃は、子を思いやって心が悲しみ痛み、悶絶して地に倒れて足をばたばたとさせた。侍女は支えて起たせ、妃のためにその涙をぬぐってさしあげた。

いかがでしょう。太子は「深宮」で育ち、温かいお湯で体を洗うのであって、その育ての母が歩けなくなったのを侍女が「扶け起こす」のです。「深閨」で育った楊家の娘の温浴場面とほとんど重なりますね。灼熱《しゃくねつ》の地であるインドでは、男女とも一日に何度も水をあびるのが習慣であって、女性の沐浴《もくよく》場面はよく文学や絵の題材に取り上げられます。現在でも最も好まれる宗教画の絵柄は、牛飼いの娘たちが池で沐浴していた際、クリシュナ神がその衣を取り上げて木に登ってしまい、裸の牧女たちを困らせる場面です。

しかも、インドでは温かい香湯での沐浴は、肌を上気させ、女性の魅力を増すものと考えられていました。隋《ずい》の闍那崛多《じやなくつた》（五二三—六〇〇）が訳した仏の本生譚、『仏本行集経《ぶつほんぎようじつきよう》』では、甘蔗王《かんしよおう》の第一妃が我が子を王位につけるため、美容の法を極めて王の愛情を増させようとします。その法とは、体を綺麗《きれい》に拭き清めた後、香湯で沐浴し、「気をして芬芳《ふんぽう》たらしめ（肌から芳しい香りを発するようにし）」、髪には香を塗り、顔に脂粉をつけ、花飾りと宝石で身を飾ることでした。また、『仏所行讃』では、死んだように眠って見苦しい姿をさらけ出している婇女《さいによ》たちを見た太子は、「女人は……沐浴して縁飾を仮り、男子の心を誑惑《おうわく》す（女人は、沐浴して化粧や飾りによって、男性の心を迷わせる）」と述べ、宮殿を出る決意を固めたとされています。つまり、仏教では、女性の温浴はその魅力を増す手段とされていたのであって、白居易はそれを利用したのです。

ほかにも、『仏本行集経』には「長恨歌」と一致する箇所があります。それは、五百人の商人たちの船が難破し、人を食う鬼女たちの島に漂着したところ、それを知った鬼女たちが美しい女性に化身し、魅力でとりこにして肥らせて食おうと出かける場面であって、こうなっています。

香湯もて澡浴し、香を以て身に塗り、種種の衣を著し、種種の瓔珞《ようらく》もて、其の身を荘厳し、首《こうべ》に種種の妙花の天冠を載せ、……花鬘《はなかずら》の処に於て、懸けるに宝鈴を以てし、捷疾《しょうしつ》に走行す。

【訳】香湯で沐浴し、香を塗り、さまざまな衣を着て、さまざまな宝石でもってその身を飾り、頭にさまざまな美しい花で作った天人の冠のような冠を載せ、……花のような髻のところに宝石の鈴をかけ、敏捷に走って行く。

ここでも魅力を増すための香湯での沐浴が先頭に来ています。この描写は、蓬莱宮まで方士が訪ねて来た際、仙女となっていた太真が逡巡《しゅんじゅん》した後、方士に逢いに行く以下の場面と似ていますね。

雲鬟半ば偏《かたむ》きて新たに睡《ねむ》りより覚め、花冠整えず堂を下りて来たる。

【訳】雲のようにふっくらした髪が半ば傾いた姿で目が覚めたばかり、花のような冠も調えないまま、堂から下りて来る。

寝起きで髪が乱れたまま、花冠も調えないでやって来るのですから、太真は優美な仙女らしくない早足で歩いて来たことでしょう。となると、美しい姿になった鬼女たちが「妙花の天冠」をかぶり、花のような髻にして急いで走って行く様子とかなり重なりますね。そもそも、色とりどりの花が咲き、それを冠や髪飾りや花輪にして身を飾る南国のインドと違い、中国にはそのような風習はありませんでした。

「長恨歌」が仏教の表現を利用している箇所はほかにも多いのですが、愛情に関する箇所を一つあげておきましょう。それは、太真が下界を見ても長安はかすんで見えないと嘆き、ただ二人の心が固くて変わらなければ、「天上人間、会《かなら》ず相い見《まみ》えん（天上であれ人間世界であれ、きっと会えるでしょう）」と語った箇所です。この箇所は、経典そのものではありませんが、在家向けの経典講義をさらに娯楽化した台本の一つである『歓喜国王縁《かんぎこくおうえん》』に基づいていることが指摘されています。『歓喜国王縁』では、死んだ後に昇っていた天から降りて来た有相夫人が、愛する国王と再会した際に語る「人間天上、相い逢うを喜ぶ（人間世界にいるあなたと天上にいた私が、こうやってお逢いできたのが嬉しい）」と述べているのです。ほかにも、仏教を考慮しないと説明がつかない点があります。たとえば、仙女の太真は長安よりはるか東の海に蜃気楼《しんきろう》のように浮かぶ仙人の島にいるはずです。ところが、ここでは下をのぞいて長安を見ようとしたことになっており、いつの間にか長安の上空にいることになっています。これは、「天上人間」という言葉に引っ張られたためですね。天は上にありますし、「人間」というのはmanuṣya-loka（人の世界）というサンスクリット語の訳語です。また、太真が天から地上の人を見ようとした点については、『法華経』「五百弟子受記品」が、理想的な世においては天人の宮殿が地上近くに浮かぶため、天人と地上の人が相手を互いに見ることができると述べている箇所を、漢訳が「人天交接《にんでんきょうしょう》し、両《ふた》つながら相い見るを得（人と天とが接し合い、両方とも相手を見ることができる）」という名文句で訳していることも、間接的な背景となっているでしょう。

　天地は長久のようであってもいつか尽きるのに対し、漢皇と太真の恨みは尽きることがないという「長恨歌」の結末の句も同様です。『起《き》世経《せきょう》』や『大楼炭経《だいろうたんきょう》』などが説いているように、仏教では、我々が生きているこの世界は、劫《こう》（カルパ）と呼ばれる果てしなく長い時間をかけて生まれ、存続し、破壊しつくされ、何もない時期が続くものの、命あるものたちの業が残っているため、また前のように再生するとされています。悠久なる天地が尽きても根強く残る思いがあるといった発想は、中国思想には存在しません。この点についても仏教の影響を考えるべきでしょう。「長恨歌」は、皇帝と仙女の恋物語となっていますが、仏教の要素と表現がなければ成立し得なかったのです。

中国仏教と言葉遊び

『世説新語』には、僧侶の頓知話も含まれていました。たとえば、冗談を集めた「排調篇」には、康僧淵《こうそうえん》（生没年不明）のこんな話が載っています。

康僧淵は、目が深くくぼみ、鼻が高かった。王導がいつもこのことをからかうと、僧淵は答えた。「鼻は顔の山で、目は顔の淵《ふち》です。山は高くないと霊妙でなく、淵は深くないと清らかではありません」。

イラン系のソグド人が本拠としていたシルクロードの商業都市、サマルカンド出身の康僧淵は、異国風な風貌だったため、才に富んでいたことで知られる名門貴族の王導（二七六―三三九）がからかったところ、山や淵に関する中国の諺《ことわざ》を利用して逆にやり込めたのです。

また、『世説新語』のうち、馬鹿にした話を集めた「軽詆篇《けいていへん》」では、教養に富んだ僧である支道林（支遁《しとん》：三一四―三六六）が才気で有名であった王徽之《おうきし》の兄弟に逢ったと聞き、ある人がどんな人たちだったかと尋ねると、支道林は、「一群の首が白い烏たちを見ました。ただカアカアと鳴いているだけでした」と答えた由。辛辣ですね。これが隋唐の頃の笑話集になると、仏教関連の駄洒落の話が増えていきます。冗談好きの人物として有名であった隋の侯白（生没年不明）が編纂したと伝えられるものの、実際には唐代の逸話もかなり付加されている笑話集の『啓顔録』は、敦煌文書中の断片によれば、冒頭の十話のうち八話までが仏教の話です。僧侶が説法する際のネタ集として持ち歩いていた可能性がありますね。一例を略出すると、こんな調子です。

北斉の高祖が大がかりな法要をおこなった際、ある学僧が説法し、どんな疑問にも見事に答えました。最後に石動筩《せきどうよう》が登場し、仏は何に乗るかを尋ねた。僧が、千葉の蓮華に乗ることもあり、六牙の白象に乗ることもあると答えると、動筩は、「お坊さまはお経をまったく読んでおらず、仏の乗り物をご存じない」と言いはなった。そこで、僧が「あなたは経を読んでいるそうだが、では何に乗るのか」と尋ねると、動筩は、「仏は牛に騎《の》る」と答えます。僧がなぜ分かるのか尋ねると、動筩が、「お経には、『世尊、甚だ奇特なり』とあります。牛に騎っているということじゃないでしょうか」と答えたため、その座の者たちは大笑いした。

これは、『法華経』の「五百弟子受記品」で、弟子たちが「世尊よ、甚だ奇特なり（世尊よ、非常に珍しく素晴らしいことです）」と述べた箇所を利用したものです。「特」という字は牛へんであることが示すように、一群の中でもとりわけ目立つ立派な雄牛というのが原義であって、それが転じて「特別だ」という意味になりました。このため、動筩は「奇特」の「奇」に同音の「騎」を掛け、『法華経』が世尊は「騎特（特《おすうし》に騎る）」と説いているではないか、とこじつけたのです。「論義」と呼ばれる講経や説法の後の質疑では、相手をやり込めるため、こうした頓知問答もしばしばなされたのです。

『啓顔録』には、一休さんの頓知話の原型もあります。和尚が寺の外で餅を数十個作って鉢に入れ、また一瓶の蜜を買い、部屋で蜜をつけてこっそり餅を食べていたという話です。和尚は外出する際、弟子に鉢を見張るよう命じ、瓶の中に入っているのは毒の薬だから手をつけるなと言い残します。和尚が出かけると、弟子は早速、餅を蜜にひたしてほとんど食べてしまいます。帰って来た和尚がそれに気づいて怒ると、弟子は「餅の匂いに我慢ができず、食べてしまったため、死のうと思って毒薬を舐めたのですが死にませんでした」と語ります。和尚がさらに怒り、「馬鹿者！　あんなにたくさんの餅を食べおって」と怒鳴ると、弟子は、鉢の中に残っていた二個の餅をぱっとつかんでほおばり、「こんな風にして食べたら、すぐなくなってしまったのです」と言って逃げ去った、となっています。

このように、唐代頃の仏教の笑話集には、一休話や落語の元ネタとなるものが含まれていました。そうした話が歓迎されたのは、六斎日《ろくさいにち》も関係していたようです。仏教では、僧侶は二百五十戒、比丘尼はさらに多くの戒律を保つのに対し、在家信者は「不殺生、不偸盗《ふちゆうとう》、不邪淫、不妄語、不飲酒《ふおんじゆ》」という五戒、つまり、「殺さない、盗まない、よこしまな性行為をしない、嘘《うそ》をつかない、酒を飲まない」という五戒を保つのですが、ひと月のうち、八日、十四日、十五日、二十三日、二十九日、三十日の六日だけ、一定の場所に集まり、僧尼のように午後は食事をしないなど、より厳しい八斎戒を守って暮らしました。この日は、帝釈天の使者や四天王ないしその配下などが巡回し、悪事をしていないか監視すると言われていたため、信者たちは僧侶の説法を聞くなどして過ごしていたのです。ただ、集まって真面目に過ごしている時間が長くなれば、当然眠くなるため、眠気をはらうために、説法の巧みな僧などが面白い話をしたり、真面目な説法に冗談を混ぜて笑わせたりしたのです。その結果、和尚と弟子の話のように仏教を題材とする笑話が次々に作られていったようです。

淫乱な僧尼の話を集めた明《みん》代の好色本

唐代頃までは、仏教がらみの笑話は前述したようなおおらかなものが多かったのですが、宋代になって儒教が復興し、異国の宗教である仏教が批判されるようになるにつれて、仏教に関する駄洒落を楽しむような話は消え、僧尼をあざ笑う笑話が目立つようになっていきます。こうした話が増えていくのは、男女関係に関する物語も同様です。これまで見てきたように、仏教経典に親しんでいた唐代の文人たちは、多少の言い訳を付しつつも、普通の男女の恋物語を文学作品にするようになったのですが、厳格な朱子学が広まり始めると、仏教の地位は次第にさがっていきました。その結果、宋代には、僧侶が人妻をだまして手に入れる類いの話が広まるようになりました。たとえば、洪邁《こうまい》（一一二三—一二〇二）が編纂した大部の志怪小説集である『夷堅志《いけんし》』支景巻第三に収録された「王武功妻」はこんな話です。

王武功の妻が美しかったため、ある僧侶が惚れ込み、王が別の地方に赴任する際、わざと王に見つかるようにして、その妻に「長く逢えなくなるため、餞別《せんべつ》をお贈りします」という手紙に添えて貴重な品を届けた。王はそれを見て不倫をしていたと怒り、僧侶と妻を訴えたが、僧侶は姿を消していたため、王は妻を離縁して任地におもむいた。妻は証拠不足で釈放されたものの、暮らすすべもなく途方に暮れていると、その僧侶が知り合いの女を妻のもとに行かせ、ある寺でお針子を探しているため、そこで働きながらご主人の気持がおさまるのを待ったらどうかと勧めさせた。妻がその言葉に従って寺に行くと、待っていた僧に手籠めにされてしまったものの、隙を見て逃げ出して訴えた。僧侶は死刑にされたが、妻も嘆き死にした。

ひどい話ですね。恋慕には違いないものの、これまで見てきた修行者と若い美女の恋物語とはまったく違うものになってしまっています。人妻をだますやり方を巧みにして詳細に語れば悪漢小説となりますし、関係を持つ場面を詳細に書けば好色本となります。実際、明代になって禅宗の影響を受けた陽明学が流行し、仏教批判が強まると、仏教信者が書く霊験記などを除けば、僧尼を題材とした話はそうした内容のものばかりになり、露骨な性描写もなされました。その一因は、街での講談が盛んとなり、裁判話の形で僧や尼の悪行が語られ、それに基づいて公案小説と呼ばれる本が書かれて出版されるようになったことです。公案とは、裁判の判例のことです。唐代頃は、「一子出家すれば、九族、天に生まる（子供が一人出家すれば、遠い親戚までが天に生まれることができる）」と言われるほど出家は高く評価されており、隋唐の頃の最も優れた知識人は僧侶でした。しかし、明清《しん》時代になると、税金や借金を逃れるため、あるいは罪をおかした者が身を隠すために僧形《そうぎょう》となり、悪行を働く例が増えた結果、「一人出家すれば、九人の人妻が妊《はら》む」と言われるほど、僧侶は淫乱な存在とみなされるようになってしまったのです。『水滸伝《すいこでん》』第四十五回や『金瓶梅』第八回では、「一字なら僧、二字なら和尚、三字なら葬式屋、四字なら色中餓鬼」と言われるまでに至っています。

僧尼の質が全般的に落ちたことは確かですが、儒教による締めつけが厳しくなった結果、儒教の古典を学んで科挙の準備をする若者が若い娘と愛し合うような物語は書きにくくなった、という事情もあるでしょう。そこで、仏教の僧侶を好き勝手に女性と関係する破戒の悪漢に仕立てた、という面もあるように思われます。そうした話が歓迎されたのは、西洋では、商船を襲って財宝を奪い、美女をかどわかし、強いラム酒を飲む海賊が恐れられながらも、自由気ままに暮らす強い男とみなされ、海賊の物語が好まれたのと似ているかもしれません。公案小説では、主人公の僧は最後には捕縛され、極刑に処せられることがほとんどですので、好き勝手に生きて欲望のまま女性と関係したいという思いと、そんな奴《やつ》は厳しくこらしめてやりたいという読者の相反する思いを、両方とも満足させてくれることになります。

そのような公案小説やさまざまな書物から淫乱な僧や尼の話だけを集めた代表作が、明代中期の書画に巧みな文人、唐寅《とういん》（一四七〇—一五二四）の作と伝えられている『僧尼孽海《そうにげつかい》』です。元の本は唐寅が書いた可能性があるものの、現在残っているのは、後代に増補された本です。その第一部には僧侶の話が三十二話、第二部には尼僧の話が十一話収録されています。唐寅は、科挙の地方試験に首席で合格したものの、問題漏洩事件にまき込まれて官職につけなくなり、海外貿易で栄えていた蘇州《そしゅう》で絵を売って酒を飲み、勝手気ままな生き方をした風流才子です。『金剛般若経』が末尾で、一切の法は夢、幻、泡、影、露、雷の如くはかないものだと観察せよと説いている部分に基づき、六如居士と号したことが示すように、仏教の知識もありました。唐寅については、正徳《せいとく》七年（一五一二）の日付で日本の商人に送った送別の手紙が京都国立博物館に残っており、日本と交流があったようです。僧尼の悪行物語であってすさまじいポルノグラフィである『僧尼孽海』は、中国では散佚したものの、日本には写本が残っており、また明代の刊本も一部だけ日本に残っているのが面白いところです。

第三章　韓国の恋物語と仏教

日本に仏教を伝えた韓国は、戦乱が多かったこともあって古い文献はごく僅《わず》かしか残っていません。そのうえ、一三九二年から一八九七年まで五百年以上続いた世界でも稀《まれ》な長期王朝であった李氏《りし》朝鮮では、朱子学が国教とされて仏教は抑圧されたため、仏教文献の多くが散佚してしまいました。そうした状況であるにもかかわらず、現存する数少ない近代以前の韓国の恋物語は、実は仏教関連の話ばかりなのです。ただ、残っている文献が少ないため、純粋な恋物語とは呼べないものでも、男女について扱っている話であれば、取り上げることにします。

観音が寺の婢女となって僧侶と結婚した話

高麗の禅僧である一然《いちねん》（一二〇六—一二八九）が一二八〇年代に編纂し、弟子が補訂したと推測されている仏教中心の史書である『三国遺事』巻五では、新羅の文武王《ぶんぶおう》（在位：六六一—六八一）の代の話として「広徳・厳荘」という説話が収録されています。こんな話です。

広徳と厳荘という二人の沙門は親しい友人であって、先に極楽に至った方が必ず相手に告げるという約束をしていた。広徳は芬皇寺《ふんこうじ》の西に住み、蒲《がま》で鞋《くつ》を編んで生活し、妻と暮らしていた。厳荘の方は南岳に住み、畑を耕していた。ある日の夕暮れ、厳荘の家の窓の外から声がし、自分はもう西方に行ったので君も早く来るように、と呼びかけてきた。外に出ると、天の音楽が聞こえ、光が地面まで届いていた。翌日、広徳の家を訪れてみると、確かに広徳は亡くなっていた。そこで、その妻と葬った後、厳荘は、ご主人が亡くなったのだから一緒に住んではどうだろうと提案すると、妻は承諾した。そこで厳荘はそのまま留《とど》まり、夜になって妻と通じようとしたところ、妻は、あなたは浄土などには行けないと辱めた。厳荘が驚き、広徳とは夫婦だったではないかと言うと、妻は、「主人は私と暮らした十余年、ひと晩も枕を同じくしたことはなく、私に触れることもありませんでした。毎夜、正坐し、阿弥陀仏の名号を念じて浄土の観察に努め、月の光が部屋に差し込んでくると、その光の上に登って結跏趺坐《けっかふざ》していました。このようであれば、西方に往生しないはずがありません」と説いた。厳荘は恥じて元暁《がんぎょう》法師を訪ね、浄土の観法を習った。厳荘は我が身を責め、ひたすら修行に努めたため、往生することができた。その妻は芬皇寺の婢女だったが、おそらく観音の応現だったのだろう。

以上です。観音菩薩は相手に応じた姿で現れて人々を救う菩薩ですので、道心が弱い僧侶のもとに美しい女性となって現れ、学問に打ち込むよう導いたといった話や、よく働く下女が実は観音菩薩だったといった話は多く、この話もその一つです。広徳と厳荘は「沙門」とされていますが、実際には半僧半俗の者たちだったのでしょう。この話で鍵になるのは、芬皇寺は元暁（六一七―六八六）が住んでいた寺であったことです。元暁は入唐しようとして断念したものの、中国にも例がないほどさまざまな系統の経論について注釈を書き、それらが中国と日本で読まれて大きな影響を与えた人物です。寡婦となっていた国王の娘と結婚し、還俗して居士となっていますが、その前から自由な生き方をして批判されがちだったようです。その元暁について、還俗後は大きなひょうたんを手にして村々を回り、歌い踊って浄土往生を勧めたという伝説が残されているのは、おそらく、韓国の仏教系芸能者たちが元暁を自分たちの芸能の始祖とみなし、元暁のそうした逸話をふくらませていったためでしょう。

青年と寺で出逢った虎の化身である娘との悲恋

明確に恋物語と呼ぶことができる最古の話は、新羅の青年であった金現と娘に化身した虎との悲恋を描いた「金現感虎」です。八世紀後半の話とされていますが、これも『三国遺事』に収録されている話であるうえ、中国宋代の禅宗の影響を受けた表現もあるため、新羅の時代にこの通りの説話があったとは考えにくいものです。こんな話です。

新羅では一月の八日から十五日にかけて、都の男女が興輪寺の塔を競って回り、功徳を積む風習があった。元聖王《げんせいおう》（在位：七八五―七九九）の代に、金現という青年が夜遅くまで回っていると、一人の娘が念仏しながらついて回った。互いに好意を抱いて目配せし、金現は目立たないところに娘を引き入れて交わった。翌朝、娘が帰るのについて行こうとすると拒まれたが、無理について行ったところ、西山のふもとのかやぶきの茶店に入った。老女が事情を聞いたため、娘が答えると、老女が「起きてしまったことは仕方がないが、あんたの兄弟は憎むに違いない」と言ったため、金現を奥に隠した。しばらくして三匹の虎が咆《ほ》えながらやって来て、人の匂いがすると人の言葉でしゃべった。老女と娘が鼻がおかしいと叱ると、天から「お前たちは生き物の命を無暗に奪うため、一匹を殺して悪をこらすことにする」という声が聞こえた。虎たちが顔色を変えると、娘は、私が代わって罰せられるから逃げてと語り、虎たちは去って行った。娘は、「お恥ずかしいことに私は虎であるのに、あなたと一夜をともにして親しむことができました。どうせ死ぬのであれば、あなたの刀で殺されてご恩に報いたいのです。明日、私が市場に飛び込んで大暴れしたら、王は褒美を出して虎を殺す者を求めるでしょう。どうか恐れずに、私を北の林まで追いかけて来てください」と語った。金現は、「どうして妻の死を売ることができようか」と断ったが、娘は重ねて頼み、「自分がここで死ぬのは天命なのだし、それであなたが出世し、国の人が虎の害がなくなって喜ぶなど良いことばかりなのですから、頼み通りにしてください。ただ、私のために寺を建て、僧侶にお経を講義させてください」と語り、二人とも涙で別れた。翌日、虎の言う通りの状況になったため、金現は自分が倒すと王に申し出て、小刀一本を持って林の中に入ると、虎は娘に変わっていた。娘はにっこり笑い、「昨夜、郎君と繾綣《けんけん》の事、惟《た》だ君、忽《ゆるが》せにするなかれ（昨晩、あなたとこまやかに情を交わし合ったことは、どうぞ忘れないでください）」と頼み、金現の刀を取り上げて自分の首を切って倒れると、また虎の姿となっていた。金現は、林を出て人々に虎を討ち取ったと告げた。そして、出世すると寺を建てて虎願寺と名づけ、常に死者を弔うために講経させて回向した。金現はこのことを内緒にしていたが、亡くなる前に思い出して娘の行為に感銘を新たにし、この話を筆記して伝えた。

異類婚姻譚のうちの動物変身ものの一つですが、感動的な悲恋物語ではないでしょうか。これもインドの経典の話と同様に、アニメ映画にしたいような展開のストーリーですね。韓国では、伝統的に「身を殺して仁を為《な》す（我が身を犠牲にして思いやりの行動をする）」話が大変好まれてきたため、この話は大人気であったことと思われます。ただ、気になるのは、この話を伝え広めたのは誰かということです。それは虎娘が林の中で自害する前に金現に語った言葉から推測がつきます。娘はこう語ったのです。「今日、爪傷を被《こうむ》る者も、皆な興輪寺の醬《しょう》を塗り、其の寺の螺鉢《らほつ》の声を聆《き》けば、則ち治すべし（今日、虎の爪で傷ついた者たちも、皆な興輪寺の醬《じゃん》を塗り、その寺の鐘の音を聞けば治るでしょう）」と。つまり、この話は、「新年のご祈禱《きとう》はぜひ○○寺へ」などというテレビのコマーシャルと同じ性格のものであって、興輪寺の宣伝だったのですね。日本の「わらしべ長者」の話にしても、長谷寺の観音様の御利益話ですが。このため、この話を語ったのは、「皆なの衆、興輪寺にご参拝なされ」と説いて回った興輪寺の説法僧だった可能性が高いのです。というのは、目立たないところに娘を連れ込んで交わったという部分では、「屏処《へいしょ》に引き入れてこれに通ず」とあるのですが、「屏処」というのは、中国の古典には見えない仏教の用語だからです。漢訳の戒律では、僧侶が外から見えないところで女性と二人きりになってはならないと命じており、そうした場所を「屏処」と呼んでいます。聞く者に訴えかける興味深い恋物語である「金現感虎」は、実はそのような仏教の専門用語を用いて書かれていたのです。

僧に恋した娘が龍となって僧を守った話

次の話は、韓国における華厳宗の開祖であった義湘《ぎしょう》（義相：六二五―七〇二）に恋した娘の話です。時代としては早いものの、韓国の古い文献には見えず、中国の北宋の賛寧《さんねい》（九一九―一〇〇一）が端拱《たんきょう》元年（九八八）に著した『宋高僧伝』巻四の「唐新羅国義湘伝」に見える逸話であるため、かなり伝説化が進んでいると思われます。概要は以下の通りです。

義湘は、玄奘三蔵が六四五年にインドから戻って盛んに経典の漢訳をしている唐に留学しようとし、先輩である元暁とともに出発したが、国境で阻止されて戻ることになり、元暁は入唐をやめた。しかし、義湘は再び出かけ、商船で中国東沿岸の山東半島に渡った。港町で乞食をしていると、義湘の美貌を見たある仏教信者の家の善妙という娘が、きれいな服を着て化粧し、誘いかけたりからかったりした。しかし、義湘が心を動かさないため、善妙は感動して仏教への信心を起こした。そして、何度生まれ代わっても義湘和尚に帰依して大乗を学び、必要な衣食を供給しますと誓った。義湘は長安の南の終南山におもむき、『華厳経』の注釈で知られた智儼《ちごん》（六〇二―六六八）に師事した後、また山東半島の町に戻り、商船に乗って帰国しようとした。前もって義湘のために法服やさまざまな什器《じゅうき》を行李《こうり》に用意していた善妙は、急いで海岸におもむいたが、船はもう出発した後だった。善妙は「私はまごころから供養しようと願っています。これが真実であるなら、衣を入れた行李が飛びはねて船に入りますように」と祈って行李を波に向かって投げ入れると、行李は疾風にあおられて遥《はる》か先の船に飛び入った。そこで善妙は、「大きな龍に化して船を支えて新羅に至り、法師が法を伝えられますように」と誓って海に身を投じた。すると、実際に大きな龍となって背で船底を支え、新羅の海岸まで送り届けた。義湘は、帰国すると山川を遍歴し、法を広めるにふさわしい霊山を見いだしたものの、『華厳経』の教えに反対する僧たちが多数住んでいた。大龍は、義湘の思いを知って虚空で巨大な岩に変化し、今にも落ちそうな様子を見せたため、多くの僧侶たちは逃げ散った。そこで、義湘はその山の寺に入って『華厳経』を講義したところ、多くの者たちが集まり、義湘は新羅華厳宗の祖となった。

これは、浮石寺の由来話であって、浮石寺には現在でも寺の裏側の山の中腹に大きな石が刺さったような形で残っています。この話で注目されるのは、善妙は綺麗な衣を着て化粧し、義湘を誘ったりからかったりしていることです。これは善妙が普通の娘ではなく、港町に多い遊女屋の遊女であったか、その店の娘であった可能性を示すものですね。遊女が僧侶に恋する点は、仏教経典の伝統を継ぐものです。なお、この話は『三国遺事』の義湘の伝記には見えませんが、鎌倉時代の華厳宗の僧である高山寺《こうざんじ》の明恵《みようえ》（一一七三—一二三二）が着目し、元暁と義湘の伝記を書き、これを弟子であった絵師に命じて『華厳宗祖師絵伝』という六巻の見事な絵巻にさせており、国宝となっています。これは、源平の争いで多くの寡婦が生まれて明恵を頼ったものの、中には美男子であった明恵に思いを寄せる者がいたため、善妙のように恋ごころを道心に変えるよう教えるためでもあったと推測されています。ちなみに、女性たちのために明恵が建てた寺は善妙寺と名づけられていました。

寺で仏像と博打《ばくち》をして美女を得た話

一三九二年に始まる朝鮮王朝になると、一休さんのような自由闊達な文人僧侶による恋愛小説、それも李朝における最初かつ最高傑作と評される小説が出現しました。政争の中で危険を逃れて出家し、雪岑《せつしん》という名の禅僧となり、梅月堂という号による詩文でも知られた儒者出身の金時習（一四三五―一四九三）の名作、『金鰲新話《きんごうしんわ》』のうちの「万福寺樗蒲記《まんぷくじちよぼき》」です。三十代前半であった金時習が、明の瞿佑《くゆう》（一三四一―一四二七）によって書かれた志怪小説、『剪灯新話《せんとうしんわ》』の「緑衣人伝」の話にヒントを得て書いたため、表現も似ている箇所があるのですが、中身はまったく違います。最初に「緑衣人伝」の概要をまとめておきます。

趙源という青年は、早くに父母を亡くし、まだ結婚もしていなかった。元《げん》の延祐年間（一三一四―一三二〇）に浙江《せっこう》の西湖の北にある葛嶺山に仮住まいしたところ、すぐ側《そば》に宋の大臣であった賈秋壑《かしゅうがく》の旧宅があった。趙源は夜になると、緑の衣を着た美しい娘が歩いているのを目にするようになり、声をかけてみると、隣に住んでいるという。趙源が気を引いてみると、娘は喜んで従い、家に泊まっていった。趙源が娘の名前を尋ねると、緑衣の人とでも呼べばよいでしょうと答えるのみだった。ある時、娘は自分はこの世のものでないことを告白した。二人は、前世はともに賈秋壑に仕える召使いだったのであって、互いに思い合っていたところ、それが発覚して殺されたのだった。以後、趙源と娘は以前にもまして仲良く暮らしたが、やがて娘は病気がちになり、夫婦の情の縁が尽きたことを告げ、亡くなった。棺に入れて埋葬しようとしたところ、あまりに軽いので開けてみると、娘の衣装やかんざしや耳飾りなどが入っていただけだった。趙源は、娘の思いの深さに打たれ、以後結婚せず、西湖のほとりの霊隠寺に入り、僧侶となって生涯を閉じた。

見れば分かるように、幽霊の少女との恋という点は中国式ですが、過去世・現世の二世にわたる恋という点は仏教経典に見られるものであって、結末が男の出家となっているのも仏教的です。しかし、「万福寺樗蒲記」はそれ以上に仏教色が濃い恋物語になっています。こんな話です。

南原に勉学中の梁生《りようせい》という青年がいた。早くに父母を亡くし、まだ妻もいなかった。梁生は月夜ごとに庭を歩き回って、寂しさを訴える詩を詠じた。すると、天の声がし、よき伴侶が欲しいなら、心配はないと告げた。梁生は喜び、翌日、人々が幸いを祈る万福寺の然灯会《ねんとうえ》に出かけた。日が暮れて人がいなくなると、梁生は袖からサイコロとして用いる木片の樗蒲を取り出し、仏像に向かって、「仏さまとの樗蒲の勝負に負ければ法要を設けて供養しますが、仏さまが負けたら美女を得させてください」と語った。梁生は勝負に勝ったため、仏像の前の机の下に隠れていると、十五、六歳の仙女か天の神の妃のような美しい娘が現れ、仏像に向かって薄幸を嘆き、よき伴侶を得させてくださいと訴える文章を読み上げた。思わず飛び出した梁生は娘に誘いかけ、廊下の奥の狭い板の間に連れて行って歓びを交わした。夜中に娘の侍女がやって来ると、娘は結婚の祝いの宴《うたげ》の準備を命じた。皆なで宴を楽しんだ後、娘は愁いを帯びながら、あなたが私を捨てないなら、長く妻として仕えましょうと語った。夜が明けると、娘は「手をつなぎましょう」と言い、二人で手をつないで村を通り過ぎたが、道行く人には梁生しか見えない。よもぎが茂っている地に綺麗な家があり、娘は梁生を連れて入って三日間ともに楽しんだ。別れる時となると、娘は銀の椀《わん》を梁生に贈り、明日、私の父母が宝蓮寺で私の供養をしますので、私を忘れないなら路で待っていてください、両親に挨拶しましょうと告げた。翌日、梁生がその言葉通りに銀椀を持って路で待っていて両親に会うと、両親は、娘は倭寇《わこう》の騒乱の際に殺されたため、きちんと葬儀ができなかったと語った。両親は、娘の財産をすべて梁生に与えたが、梁生はそれらをすべて追善にふりむけ、美文の追悼文を読み上げたため、娘は極楽に往生した。梁生は以後、結婚せず、智異山に入って薬草を採り、行方不明となった。

以上です。最後の部分は不老不死の薬草を探したようであって道教風ですが、全体としては仏教の色彩が濃いことは明らかでしょう。「仙女か天の神の妃のような」という箇所も、「仙女」は道教風であるものの、「天の神の妃」というのは、阿修羅族の出身であって帝釈天の神妃となった美しいシャチーのことであって、仏教に基づきます。この「万福寺樗蒲記」は、六朝の志怪小説の伝統を承《う》けていて類型的な描写が目立つ『剪灯新話』と違い、登場人物が生き生きとした形で描かれており、李朝の小説の最高峰と称されています。名文であるばかりでなく、儒教社会となった李朝としては考えられない箇所もあるため、梁生と娘が手をつないで歩く部分の原文の訓読を示しましょう。

時に月、西峯に掛かり、鶏、荒村に鳴く。寺の鍾、初めて撃ち、曙《あけぼの》の色、まさに瞑《めい》せんとす。……女《むすめ》曰く、「因縁、已《すで》に定まれり。同《とも》に手を携うべし」。生、女の手を執《と》り、閭《りょ》閻《えん》を経過す。犬、籬《まがき》に吠《ほ》え、人、路を行く。しかるに行人、女と同に帰るを知らず。

【訳】折しも月は西の嶺《みね》にかかって沈もうとしており、鶏が閑散とした村で鳴き出した。寺の朝の鐘が鳴ったばかりで、曙の赤い色が消えようとしていた。……娘は言った。「こうなる因縁はすでに定まっていたのです。一緒に手をつなぎましょう」と。梁生は、娘の手を取り、村里を過ぎていった。犬は垣根のところで吠え、人は道を歩いて行く。しかし、道行く人は、梁生が娘と一緒に帰るところであるのに気づかない。

いや、名調子ですね。朱子学が広まり、仏教が弾圧され始めた時期において、若い娘が書生と寺で同宿し、朝帰りする際に「手をつなぎましょう」と呼びかけて一緒に手をつないで歩くなどという描写は、当時の人には衝撃だったことでしょう。それも一因だったのか、「万福寺樗蒲記」を含む『金鰲新話』は、評判になったものの、やがて散佚してしまいました。ただ、日本には、倭寇ならぬ豊臣秀吉の朝鮮侵攻の際、略奪された多数の書物とともにもたらされ、江戸時代には木版による出版が何度もなされています。その中には、「道春訓点」と記されたものがありました。林道春、つまり禅宗を嫌って寺を出、江戸幕府の儒教の師となった林羅山（一五八三―一六五七）が付けた訓点、ないし、羅山の方式に基づいた訓点ということです。その羅山は、朝鮮朱子学の影響を受けていたうえ、秀吉の朝鮮侵攻の際に抵抗して僧侶軍の将軍として奮戦し、戦後は後始末の交渉をするために命がけで来日した禅僧の松雲惟政《しょううんいせい》（一五四三―一六一〇）と会談しています。韓国の最初の留学生として渡った明治期の日本で『金鰲新話』を発見し、故国で刊行してその意義を知らせた崔南善《チエナムソン》（一八九〇―一九五七）は、近代的な啓蒙家《けいもうか》かつ強烈なナショナリストであって、今日の韓国のナショナリズム形成に大きな影響を与えた人物でした。しかし、戦時中に日本に協力したということで、戦後は売国奴の扱いを受けるに至っています。本書では書物の受容の歴史などについて詳しく説明することはしませんが、恋愛文学作品に限らず、書物にはそれぞれドラマがあるのです。

若い禅僧と仙女たちの恋物語

これまで扱った韓国の作品はすべて短編でした。若い男女の恋を中心とした韓国最初の長編物語は、金万重《きんまんじゆう》（一六三七―一六九二）の『九雲夢《きゆううんむ》』です。学識ある母親の尹氏の教えを受けて育てられた金万重は、孝養心が篤く、本好きな母のためにさまざまな本を集め、読み上げて喜ばせたと伝えられています。ただ、金万重は国王に率直に諫言《かんげん》したため、二度流されており、『九雲夢』は最初の配流の際、一六八七年に宣川《せんせん》の地で書き上げて母親に届けた作です。長編となっているのは、中国で「本日はここまで、続きは明日の解説を聞け」という読み切りの形で連日続けて人気になっていた講談に基づき、毎回完結する章を多数続けた章回小説の形式にならったためです。金万重は、堅い儒教の書物ばかり尊重する儒者が多い中で、通俗小説の道徳的な意義を十分に認識していた稀な人物でした。また、中国の貴族の家の妻と妾《めかけ》の対立という形をとって、粛宗王の政治への激しい批判を秘めた小説、『謝氏南征記』を二度目の配流先で書いていることが示すように、『九雲夢』にも政治批判が散りばめられており、これはインドや日本の恋物語と違う点です。『九雲夢』は、韓国の多くの小説と同様、舞台は中国となっており、以下のような筋立てです。

唐代に天竺《てんじく》からやって来た六観大師は、霊山として知られる衡山《こうざん》の蓮華道場で多くの弟子を育てていた。その中の性真《しょうしん》という二十歳の僧がきわめて優秀であったため、大師は性真に法を伝えるつもりでいた。大師の説法には、常に洞庭湖の龍王が白衣の老人姿となって聴聞に来ていたため、大師が龍王に感謝の意を伝える使いを募ると、性真が自ら申し出て出発した。龍宮から帰って来ると、南岳の神である魏《ぎ》夫人に託された天花と仙果を六観大師に捧げに来た帰りの八人の仙女が湖の石橋のところで待っていて、戯れかけてきた。このため、性真は衡山に戻ってもなまめかしかった彼女たちのことが気になって修行に身が入らなかった。そこで、六観大師が神通力で性真を楊少游という男性に生まれ変わらせた。少游は若くして科挙に合格して役人となり、風流才子として知られ、また武将として戦乱を平定し、最後には宰相となった。その途中で、八人の仙女たちの生まれ変わりである大家の令嬢、洛陽の妓女、宰相の娘と侍女、妓女の妹分、皇帝の妹、刺客の女、洞庭湖の龍女などさまざまな女性たちと出逢い、恋仲となって結ばれた。少游が栄華の限りを尽くし、豪華な邸宅で二人の正夫人と六人の側室をかかえて晩年を過ごしていた時、一人のインド僧が現れ、「性真よ、人間世界の楽しみはどうじゃ」と問いかけて錫杖《しやくじよう》で打つと、楊少游は性真に戻った。これまでのことは、六観大師が見せた夢にすぎなかったのだ。すると、八人の仙女たちも魏夫人のもとを辞し、六観大師のところにやって来て、きらびやかな衣装や化粧を捨て、髪を剃《そ》って弟子にしてくれるよう頼んだ。大師は、今や性真という伝法の弟子を得たと僧侶たちに告げ、『金剛般若経』一巻を残して天竺に去って行った。性真は大師となって人々を導き、八人の尼も性真に師事して極楽世界に生まれた。

以上です。こうした結末にすれば、濃厚な恋愛話でも手に汗を握る軍談でも宮中の陰謀合戦でも何でも書けるという典型ですね。娯楽性と教訓をともに含ませ、美しい文で書かれて人気となった点は、『サウンダラナンダ』と同類です。仙女たちとの恋という形になっていますが、全体の構成は禅宗に基づいており、天竺からやって来てまた戻って行った六観大師のモデルは、菩提達磨です。古い禅宗文献では、達磨は『楞伽経《りようがきよう》』だけが中国に適していると語り、これによって教化したとされていましたが、中唐以後の禅宗では、『楞伽経』は『金剛般若経』にとって代わられましたので、ここでも『金剛般若経』を中心とする話になっています。六観大師というのは、『金剛般若経』が一切の法は夢、幻、泡、影、露、雷の如くであってはかないと説いた部分に基づいています。唐寅の号であった六如居士の僧侶版の法号ですね。

『九雲夢』は、中国の口語表現を交えた、くだけた漢文で書かれましたが、李朝の世宗《せいそう》二十五年（一四四三）に作成され、現在のハングルの元となった「訓民正音《くんみんせいおん》」で書かれた版も早くから広まりました。金万重の遺作である『謝氏南征記』は最初に訓民正音で書かれた後、漢文に訳されたという記録があるため、『九雲夢』も同様と考えられていましたが、最近では、『九雲夢』はまず漢文で書かれた後に訓民正音版が制作され、両方とも流行したとする説が有力です。

訓民正音は、中国語の発音を正しく表記するために、漢字の音韻学や蒙古のパスパ文字などを参考にして作られた表音文字です。仏教経典を漢字音で読誦することができるように、経典の本文の右にルビのように訓民正音が付された書物が次々に刊行されたうえ、仏伝を訓民正音で書いた書物なども著され、漢字の学問から遠ざけられていた女性たちにも広まっていきました。訓民正音版の『九雲夢』は、そうした上流の女性たちによって愛好されたのです。

第四章　日本の恋歌・恋物語と仏教

日本の仏教受容において重要なことは、仏教が建築・美術・音楽・芸能・医学などを含めた総合的な文化体系として導入されたことです。これは、インドと中国の周辺国にもよく見られた現象です。天皇の宮殿ですら掘立柱式であって、代ごとに別の地に建てられていた時代にあって、日本初の本格寺院となった飛鳥寺《あすかでら》は、強固な地固めをしたうえで礎石の上に太い柱を立て、膨大な数の重い瓦で葺《ふ》いた五重塔と三つの金堂《こんどう》を持った壮大で恒久的な建築群でした。そのうえ、金銅で鋳造されて金色に輝く巨大な仏像が安置され、楽器の演奏をともなう盛大な法要がおこなわれたのです。製紙も筆作りも始まって多くの経典が書写され、その経巻が百済《くだら》で変容した漢字音で読誦されました。出雲の巨大な神殿が示すように、日本には早くから独自の文化と技術が存在していましたが、仏教の導入は文化と技術の急激な発展をもたらす一大事件でした。

むろん、仏教については漢訳経典によって学ぶのですから、漢字の入門書である『千字文《せんじもん》』、その『千字文』が基づいた『孝経』、そして『論語』など儒教の古典の学習から始めることになり、儒教が基礎教養として入ります。ただ、国家の大寺と豪族たちがそれぞれ建立した寺の数に比べ、儒教の学校は僅かしかなかったうえ、中国と違って日本には儒教のみを奉じて仏教を排撃する儒者など存在しませんでした。つまり、古代の日本においては仏教が圧倒的に優位だったのであって、儒教の制約は中国に比べて非常に弱かったのです。このことが日本の恋愛文学が仏教と結びつきながら発展していく背景となっています。

『万葉集』における無常と恋歌

大伴家持《おおとものやかもち》（七一八―七八五）によって奈良時代後期に編集されたとする説が有力な『万葉集』については、かつては日本人の本来の心情を表した国民歌集のような扱いを受けていました。これは、万葉仮名で書かれていて親しみにくかった『万葉集』を、仏教の影響が強く及ぶ前の歌集と見て江戸時代の国学者たちが研究を始め、尊重するようになったのがきっかけです。さらに明治になると、正岡子規（一八六七―一九〇二）が、和歌の聖典とみなされてきた『古今和歌集』の歌を技巧に走った無内容の下らぬ歌だと罵倒し、『万葉集』を簡潔にして高古な趣きを有する歌集として絶讃《ぜっさん》したため、評価が急激に高まるに至りました。しかし、近年になって研究が進んできた結果、『万葉集』を代表する歌人であって歌聖と称された柿本人麻呂《かきのもとのひとまろ》（生没年不明）の歌や、編者と推定される家持の歌には、仏教の影響を受けた作が目立つことが分かってきました。『万葉集』は全体としては確かに仏教色が薄いのですが、中国の漢詩文の影響に加え、仏教の影響を受けておりながらこれまで気づかれていなかった作もかなりあるのです。また、『万葉集』の歌人の中には、渡来系氏族の子弟、それも『玉台新詠』が象徴するような中国南朝の遊戯的な貴族文化を手本としていた百済から亡命してきた王族や貴族の子孫も混じっていました。家持の父である大伴旅人《たびと》（六六五―七三一）の文学仲間であった麻田陽春《あさだのやす》（六九三―七四八）にしても、日本が百済救援のために派遣した軍勢が天智《てんじ》天皇二年（六六三）の白村江の戦いで唐・新羅の連合軍に敗れ、百済が滅亡した際に日本に逃れて来た答㶱《とうほん》（本）春初《しゅんそ》（生没年不明）の子と推定されています。春初は、兵法と漢詩文に通じていて、大友皇子（六四八―六七二）が皇太子となった際に「学士」として仕えた人物です。陽春が仏教にも親しんでいたことは、後述するように、残された和歌と漢詩が示している通りです。

日本生まれであるため、日本の風土と日本語の中で育ったとはいえ、こうした歌人たちもいる以上、『万葉集』を仏教が入る以前の日本人本来の素直な心情を歌った歌集と呼ぶことはためらわれます。そもそも、仏教が導入される前の時期に日本語で書かれた文学の書物など残っていないのですから、純粋な日本人らしさなどというものを追い求めるのは困難です。日本文化の特色を知ろうとするのであれば、四季豊かな日本の地で受け入れられて定着した仏教、またその仏教の影響を受けた文学が、アジア諸国の仏教や文学とどう違い、どのように変化していったのかという点にこそ着目すべきでしょう。

まず、柿本人麻呂の恋歌から見ていきます。万葉仮名は用いず、読みやすい形で表記します。

水の上に数書くごとき我が命妹《いも》に逢はむとうけひつるかも（巻十一・二四三三）

【訳】水の上に数字を書くようにはかない自分の命だが、あなたに逢おうと誓ったことだった。

川の水に数字を書けば、書くそばから流れて消えてしまうように私の命ははかないが、だからこそ、命ある間にあなたにぜひ逢うぞと誓ったことだった、という歌です。前半が、『涅槃経』の「寿命品《じゆみようぼん》」が「是の身は無常にして念念も住《とど》まらざること、猶《な》お電光・暴水・幻炎の如し。亦た水に画《えが》けば随い画くに随い合するが如し（この身は無常であって、一瞬もとどまらないことは、稲妻の光、激しく流れる川、蜃気楼のようだ。また、水に何かを書けば、書くと同時に水が合わさって消えるようなものだ）」とある箇所によっていることは、仏教と中国の漢詩文と日本文学に通じていた江戸時代の偉大な学僧、契沖《けいちゆう》（一六四〇―一七〇一）が早くに指摘していました。

古代の日本において男女が「逢う」というのは、夜をともにすることです。はかない命だからこそ、その命があるうちに絶対にあなたと契りを結びたいと願った歌ですので、ここでは無常は恋ごころをつのらせる働きをしていることになります。

巻七に見える人麻呂の次の二首も、仏教の影響が見られる歌です。

児《こ》らが手を巻向山《まきむくやま》は常にあれど過ぎにし人に行《ゆ》き巻かめやも（一二六八）

【訳】巻向山は常に存在するが、亡くなった人のところに行って手枕をして寝ることができようか、いやできはしない。

巻向の山辺とよみて行く水の水沫《みなわ》のごとし世の人我は（一二六九）

【訳】巻向の山辺を響かせて流れゆく川の水泡のようだ、世間の人である私は。

前の歌では、「常在常（常に在れど）」と言われる山と無常な人間が対比され、亡くなってしまった人とはもう共寝することができないことを嘆いています。「常在」というのは、釈尊は涅槃に入っていなくなったとする伝統仏教に反発した大乗仏教の経典が強調したことです。仏が入滅したように見えるのは、人々を教化するために涅槃の姿を示しただけであって、実際には永遠の存在なのだ、とする文脈で盛んに用いた表現なのです。『涅槃経』に先立つ『法華経』の「寿量品《じゅりようぼん》」でも、如来は「常在」であることを繰り返し説いていました。また、二番目の歌のうちの我が身は水沫のようだという表現も、『法華経』の「随喜功徳品《ずいきくどくぼん》」に「世の皆な牢固《ろうこ》ならざること、水沫泡焔《すいまつほうえん》の如し（世間はすべて確固とした存在でないことは、水の滴や泡や陽炎《かげろう》のようなものだ）」とあるのをはじめ、多くの経典で説かれていることです。ですから、一番目の歌では、「水の上に」の歌と同様、「常在」でないことの自覚が恋しい気持を増す役割を果たしていることになります。

なお、二番目の歌のうち、「世の人」という語も仏教の表現です。中国の漢語としての「世人《せじん》」は、この社会の多くの人々という意味であって、いろいろ噂《うわさ》したり評価したりする存在というイメージですが、仏教を意識した文脈で言われる「世の人」は、無常である世間の人という意味です。実際、漢訳経典には「世間無常」という表現が多く見られます。そもそも「世間」というのは、サンスクリット語の manusya-loka（人の世界）の漢訳語です。つまり、仏教で「世間」と言ったら無常な存在なのであって、それを和語化したのが「世の中」という言葉なのですから、「世の中」にしても「世の（中の）人」にしても、最初から無常という響きを持っているのです。

仏教の根本教義である「無常」は、訓読すれば「常なし」ですが、『万葉集』でこの語をこのままの形やその活用形、あるいは「常しなければ（「し」は強調）」「常もなく」「常をなみ（常がないので）」などの類似表現で用いた歌は、右で見た人麻呂の歌を含めて十三首あり、そのうちの七首までが家持の歌です。家持がどれほど仏教の思想と表現の影響を受けていたかが分かりますね。その家持の父である大伴旅人も、『万葉集』巻五の冒頭に置かれた次の歌では、ある人の訃報を聞いて無常を痛感した歌を詠んでいます。

世の中はむなしきものと知る時しいよよますます悲しかりけり（七九三）

【訳】世の中はむなしいものだと知る時だからこそ、いよいよますます悲しいことだったのだ。

この歌で重要なのは、「けり」で終わっていることです。この「けり」は過去を示す助動詞ですが、気づきを表す用法であって、「今日は日曜日だった！」などと言う場合の「た」と同じです。つまり、旅人は、仏教に親しんでいて「世の中はむなしく悲しいものだ」ということを前から知っていたものの、ある人の訃報を聞いて、「本当にそうだった！」と愕然《がくぜん》とし、悲しい思いをこれまで以上に強めたのです。『万葉集』に限らず、仏教に関わる文学作品、特に心に関する和歌には、この「けり」が用いられる場合が非常に多いことに注意する必要があります。

旅人と家持、およびその周囲の大伴の一族の歌は、このように仏教に基づくものが少なくありません。ただ、旅人は「酒を讃《ほ》むる歌十三首」ではこんな歌も詠んでいます。

この世にし楽しくあらば来《こ》む世には虫に鳥にも我はなりなむ（巻三・三四八）

【訳】この世さえ楽しく暮らせるなら、やって来る次の世には、その報いでなるという虫にでも鳥にでも、私はなってやろうではないか。

飲酒を禁じ、悪業をなす者は、来世は畜生や餓鬼や地獄に生まれると説く仏教に従わず、この世で酒を楽しめるなら来世はどうなってもよいという歌であって、仏教を冗談のネタにしています。先の歌で見たように、旅人は仏教を受け入れておりながら、酒はやめられないのです。この点は、仏教信仰が篤く、禅の修行もしていながら、酒と文学と音楽と女性が大好きであった唐の白居易なども同じですが、日本ではその傾向が特に強かったように見えます。

日本のもう一つの特徴は、人麻呂の歌に見られたように、無常と恋とが結びついており、『万葉集』にはそうした歌が目立つことです。たとえば、巻十一の作者不明の歌は、こうなっています。

かくしつつ我《あ》が待つ験《しるし》あらぬかも世の人皆の常にあらなくに（二五八五）

【訳】こうして私が待っているのだから、その甲斐《かい》があってくれないものか。世間の人は皆なずっといるわけではないのに。

長いこと待っているのだから、それに見合う甲斐があってあなたが逢ってくれないものか、と期待する歌です。あなたも私も永遠の存在ではなく、いつ死ぬか分からないのだから、何としてでも逢いたい、これほど待っているじゃないか、と訴えているのであって、ここでも無常は恋ごころをつのらせる役割を果たしています。

さて、大宰帥《だざいのそち》、つまり、大宰府の長官であった旅人が大納言に昇進して都に戻るにあたり、筑前の駅屋において送別の宴が開かれた際、渡来系氏族出身の麻田陽春は、正三位であって紫に染めた衣を着る資格を有していた旅人に対し、次の歌を詠んでいます。

韓人《からひと》の衣染むといふ紫の心に染みて思ほゆるかも（巻四・五六九）

【訳】韓国の人が衣を染めるという紫のように、あなたのことが心に深く染みて思われることです。

草木染めは色落ちしやすいものの、紫草の根で染めた紫、それも染色技術が進んでいた百済渡来の者たちが染める紫は、深く布に染みて色が変わらないように、あなたのことが深く心に染みて恋しく思われるという歌です。問題は、この「心に染み」るというのは、実は「染心」とか「心染」といった漢訳経典の表現に基づくものであって、仏教が入る前の中国にはこの類いの言い方はなかったことです。「染心」の原語は、kliṣṭa-cittaなどであって、（欲望で）汚された心という意味です。ところが日本では、「染みた心」とか「心を染める」という表現は、色がうつろいやすい草木染めのイメージで理解されたため、深く染まれば色があせないように、心変わりしない、という良い意味で用いられたのです。陽春が仏教に通じていたことは、我が国最初の漢詩集である『懐風藻《かいふうそう》』に、中国の漢詩文の典故を踏まえつつ、梵鐘の音が聞こえてくる静かな修行道場としての比叡山《ひえいざん》を詠んだ陽春の漢詩がおさめられていることからも知られます。

右で見た「染みた心」という表現は、大伴家持の歌にも見られます。親戚である大原真人《おおはらのまひと》今城《いまき》の送別の宴で、今城が「あなたのお宅の萩の花が咲く秋の夕べには私を思い出してください」と、女性のような立場で詠んだ歌に応えたものです。

鶯《うぐいす》の声は過ぎぬと思へども染みにし心なほ恋ひにけり（巻二十・四四四五）

【訳】鶯の鳴く声が聞こえる季節は過ぎたと思っていたが、聞こえたように思ったのは、あなたが深く染みついた私の心が、まだあなたを恋しく思っていたためだったのだ。

これも、恋する男女の別れの歌のように詠まれていますが、男性の友人同士でもそのように詠むのが、中国の流行を受けた当時の風流な習慣でした。このように、「染みた心」も「心に染みる」も、仏教が生み出した新しい和語の表現だったのです。ここでも、心に関する発見が「けり」の語をともなって語られていますね。

なお、「染みた心」という表現が良い意味として定着すると、その反対の「うつろう心」は、簡単に心変わりしてしまう心を指すようになり、こちらも恋の歌で用いられるようになります。

『万葉集』においてこの語を用いた代表は、旅人の異母妹で家持の叔母であった大伴坂上郎女《さかうえのいらつめ》（生没年不明）の次の歌でしょう。

思はじと言ひてしものをはねず色のうつろひやすき我が心かも（巻四・六五七）

【訳】もう恋することはしないと言ったものの、はねず色に染めたうつろいやすい布のように、なんと心変わりしやすい私の心であったことか。

自分でも驚くほどの自分の心のうつろいやすさに気づいた驚きを詠ったものです。『万葉集』において、自分や他人の心に関する洞察が示されている歌の多くは、恋に関する歌です。つまり、『万葉集』の歌人たちは、仏教の教義を参考にし、また漢訳経典の表現を利用することによって、恋する自分の心を、距離を置いて眺めて表現するようになったのです。坂上郎女の場合、それが可能になったのは、大伴家の家僧、つまり大伴家に住み込んで読経や儀礼をおこなったり仏教の指導をしたりする僧がいたためでしょう。実際、坂上郎女は、大伴家に居住していた新羅出身の尼の理願《りがん》が亡くなると、葬儀を仕切り、理願を悼む長編の「尼理願挽歌」を詠んでいます。旅人や坂上郎女の次の世代である家持が、彼ら以上に仏教の知識を有し、それを歌に盛り込んだのは当然です。
恋と仏教が日本人の心の自覚を深めたことについては、巻十三の作者不明の歌がまさにその好例であって、しかも、旅人の「酒を讃むる歌」と同様に遊びごころに富んだ歌となっています。

さし焼かむ　小屋《おや》の醜屋《しこや》に　かき棄てむ　破薦《やれごも》敷きて　打ち折らむ　醜の醜手を　さし交へて　寝らむ君ゆゑ　あかねさす　昼はしみらに　ぬば玉の　夜はすがらに　この床のひしと鳴るまで　嘆きつるかも（三二七〇）

反し歌

我《あ》が心焼くも吾なり愛《は》しきやし君に恋ふるも我が心から（三二七一）

【訳】焼いてやりたいちっぽけなボロ家に、捨ててやりたい破れ薦を敷いて、打ち折ってやりたい汚らわしい手を差し交わし、寝ているであろうあなたのせいで、昼は昼中、夜は夜中、この床がぎしっと鳴るまで嘆いたことだった。

反歌

私の心を焼くのも私だし、ああ、あなたに恋したのも、自分で進んでしたことだったのだ。

つまり、女が自分の恋人の男がほかの女と寝ている様子を想像し、悪態をつくものの、昼も夜も嫉妬にかられて苦しんだことだ、という内容です。反歌では、嫉妬で苦しむのも、そんな男を好きになってしまったのも、結局は自分からのことであって誰のせいでもない、と自分に言い聞かせています。表現が大げさ過ぎるため、女性による本当の嫉妬の歌とは思われません。男性が作って酒宴の席などで大げさな身振り手振りつきで歌い、笑いと喝采をあびる、といった情景が浮かんでくる歌ですね。

注目すべきことは、この反歌には仏教由来の表現が多いことです。まず、「心を焼く(焼心)」というのは、よくある言い回しのようですが、中国の古典には見えないのに対し、漢訳経典では欲望や悲痛の思いが心を苦しめるという文脈でしばしば用いられています。たとえば、地獄の描写が詳細なことで知られる『正法念処経《しょうぼうねんじょきょう》』では、「彼の婦女を看るに、欲愛、心を焼く」「天子、之を見て、欲の火、心を焼く」「女色の欲、心を焼けば、後に大苦悩を受く」「死時、既に到《いた》り已《おわ》れば悔火《けか》、自ら心を焼く」などの例がたくさんあります。最後の例では、善行に努めずに来た者は死ぬ時になって後悔の火が心を焼くとしていますが、その火は「自ら」心を焼くのであって、自業自得なのです。

自業自得と言えば、右の反歌の「我が心から」という語もそうです。この語は、「心から」と同様、自業自得の「自」を和語化したものであって、これも仏教由来の表現です。「心から」という語は、現在では「心からお詫《わ》びする」といった文脈で用いられますが、これはfrom the bottom of my heartなどの訳として生まれた近代の用法でしょう。「心から」の語は、二代目竹田出雲（一六九一―一七五六）らの『仮名手本忠臣蔵』が「年寄の愚智な心から恨み云《い》ふたは皆な誤り（年寄りの愚かな心から恨み言を言ったのは、すべて誤りだった）」と述べているように、「そうした心に基づいて」の意の用例が江戸時代あたりから見られるようになっており、これは「親切ごころから～する」などといった現代の用法につながるものの、近世以前で見られるのは、「自業自得」を示す用法ばかりです。

その「自業自得」という句が見えるのが、まさに先に見た『正法念処経』なのです。同経では、地獄に落ちて苦しんでいる亡者たちに対して、獄卒が次のように説いています。

自業もて自ら果を得（自業自得果）。……汝、自ら業を作り、今、自ら受くるのみ。脱するを得べからず。

【訳】自分の業によって自分でその報いを得たのだ。……お前は、自分で業を作り、今、その報いを自分で受けているだけのことだ。逃れることはできないぞ。

この自業自得の「自」を和語化したのが「心から」であって、七字の句にしたものが「我が心から」「汝《な》が心から」だったのです。『万葉集』は仏教が入る前の日本人の本来の心を示した歌集だなどと説いてきた万葉学者は、こうした点を見落としてきたのです。『万葉集』の仏教は、むろん、インドや中国の仏教と違い、日本風に改めて受容された仏教ですので、そうした点にこそ日本らしさを見いだすべきでしょう。

『古今和歌集』の恋歌と言葉遊び

『万葉集』で見た傾向、すなわち、無常と恋が結びついていたり、恋の苦しみを自業自得と反省したり、仏教を素材にして遊んだりするような傾向は、延喜五年（九〇五）に奏上された最初の勅撰《ちょくせん》和歌集である『古今和歌集』（以下、『古今集』）に至って大きく進展します。特に掛詞などの和歌の技巧が多用され、恋ごころや悲しみそのものより、言葉遊びや機知の面白さを優先しているのではないかと思われるほどである点が『古今集』の特徴です。これは、平仮名が広まり、掛詞を表記しやすくなったことも一因でしょう。

その『古今集』の部立てで注目されるのは、春歌二巻、夏歌一巻、秋歌二巻、冬歌一巻で始まる二十巻のうち、巻第十一から始まる恋歌の部が五巻も占めていて最も多く、またその恋歌の部の前に、植物や鳥の名や地名などを歌の中に読み込んで遊ぶ「物名《もののな》」の部が、巻十として立てられていることです。つまり、恋の歌が最も重視され、しかもその恋の歌の部の前に言葉遊びの部が置かれているのです。そこで、恋歌を扱う前に物名の巻の歌を見てみましょう。

「物名」には四十七首の歌がおさめられており、そのうち、なんと三分の一ほどが仏教に関係する歌となっています。しかも、驚くべきことに、巻頭の十首については、最初の歌を含めた八首までもが仏教の歌であるうえ、物名の巻の最後は僧正《そうじょう》聖宝《しょうぼう》（八三二—九〇九）の歌で終わっているのです。このことは、物名の歌は、寺や宮中や貴族の邸宅での法要などの後の宴席で、仏教がらみの遊びとして作られることが多かったことを推測させるものですね。

冒頭の歌は、藤原敏行（?—九〇七?）の「うぐひす」と題する歌です。

心から花のしづくにそほちつつ憂《う》く干《ひ》ずとのみ鳥の鳴くらむ（四二二）

【訳】好き好んで花のしずくに濡《ぬ》れておりながら、「つらいことに乾かない」とばかり鳥は鳴いているのだろうか。

「憂く干ず」に鳥の「うぐひす（鶯）」を掛けただけの歌です。『万葉集』で見た「心から」の語で始まっていますね。鶯は濡れたままで乾かないとつらがって鳴いているようですが、しずくで濡れている花の枝に自分で好き好んで止まっているのですから、それは自業自得なのです。物名の巻には、恋の自業自得の歌もあります。天台宗の僧侶で初めて僧正となった遍昭《へんじょう》（八一六―八九〇）が「くたに」という花の名を読み込んだ歌です。

散りぬれば後はあくたになる花を思ひ知らずも迷《まど》ふ蝶《ちょう》かな（四三五）

【訳】散ってしまえば後はゴミになる花であるのに、それをしっかりわきまえずに惑わされて周囲を飛びさまよう蝶であることだよ。

「あくた（芥）に」の部分に「くたに」を読み込んでいるだけのようですが、むろん、無常な存在であることを知らず、美しい女性に恋い焦がれて執着するばかりであって、このままでは来世は悪処に生まれるであろう男性の愚かさを、花に惑う蝶にたとえたものです。『正法念処経』「観天品《かんてんぼん》」が欲望に執着することの危険さについて、「もし人、欲楽に著《じゃく》せば、常に欲の焼く所となる。蛾の灯火に投ずるが如きも、欲の火は此に過ぐ（もし人が欲望がもたらす快楽に執着すると、常に欲によって焼かれる。それは蛾が灯火に飛び込むようなものだが、欲の火はもっと危険だ）」と説いているのをはじめとして、灯火に惹かれて飛び込んで身を焼く蛾の譬喩は、多くの経典が説いているところです。それだけでなく、「思ひ知らず」とあるうちの「思ひ知る」という言い回しも、仏教に基づくものであって、「念知（念《おも》い知る）」という漢訳の語を和語化したものです。「念知」の語は多くの経典に見えていますが、『正法念処経』の「観天品」では、快楽に満ちた天に生まれた男について、次のように述べています。

自ら思惟す、「我、何の業を以て来りて此に生まるるや」と。即ち自ら念知すらく、「我、前世に於て斯《かく》の善業を作《な》し、衆僧に供養す。是の如き善業は、猶お父母の如し」と。

【訳】自分で次のように考えた。「私は、どんな業によってここに生まれたのだろうか」と。そこで自ら熟慮して気づいた、「私は、前世においてこうした善業をなし、多くの僧侶に供養した。このような善業は、まるで父母のようなものだ」と。

すなわち、我が身を振り返ってみると、僧侶たちに供養するなどの前世のよい行為が元となり、父母が子を産むように、そうした善業がこの素晴らしい結果を生み出したのだと、よくよく考えて理解した、というのです。代表的な仏伝の一つである『仏本行集経』でも菩薩が因縁の道理を観察する場面で、「菩薩、是《かく》の如く思惟し念知す（菩薩は、このように考え、熟慮して知った）」とあり、よくよく考えて知り、「なるほど」と実感するといった場面で用いられています。遍昭はこうした用例に基づき、「思ひ知る」という和語を言葉遊びの和歌の中で用いたのでしょう。

物名の巻の最後に置かれた僧正聖宝の歌は、まさに言葉遊びそのものです。

はを初め、るを果にて、眺めを掛けて、時の歌よめと、人の言ひければ、よみける

花のなか目に飽くやとて分けゆけば心ぞともに散りぬべらなる（四六八）

【訳】「は」を初めとし、「る」を最後にして、「眺め」という言葉を掛けて、季節の歌を詠め、と人が言ったので詠んだ。

桜の花の中を目が満足するかと思って分け入っていくと、心が花とともに散ってしまうようだ。

やたらと多い注文に応えた歌であって、「花のなか目に」に「ながめ（眺め）」を掛けてあります。従来の注釈では注意されていませんが、「心が散る」という部分は仏教の表現です。漢語では、「散心」というのは、「（鬱屈した）心を散らす」ことであって、気晴らしをすることを意味しました。しかし、禅定による精神集中を重んじる仏教では、vikṣipta-citta（散漫になった心）はよくない心でしたので、「散心」「散乱心」や「心散ず」「心散乱す」などの表現が、外のものに気を取られてしまうという批判的な意味で盛んに用いられました。ですから、聖宝の歌の場合は、自分は桜の花を愛し過ぎているため、どれほど桜を見ても「たっぷり見た。これで満足だ」と思うことがないばかりか、花が散ると、しっかり保っておくべき自分の心もそれと一緒に散ってしまうようだ、と詠んでいるのです。日本語の語彙には漢訳経典の表現を和語化した言葉がいかに多いかが分かるでしょう。

となれば、『古今集』の恋の歌にも、そうした言葉を用いた歌、あるいは経典の内容に基づいた歌が多いであろうことは容易に推測できますね。そもそも、六歌仙、つまり『古今集』の仮名序が自分たち編者以前の代表的な歌人としてあげたのは、僧正遍昭、在原業平《ありわらのなりひら》（八二五―八八〇）、文屋康秀《ふんやのやすひで》（?―八八五）、喜撰《きせん》法師（生没年不明）、小野小町（生没年不明）、大伴黒主《くろぬし》（生没年不明）であって、六人のうち二人が僧侶であるうえ、業平も小町も仏教色の強い歌を数多く詠んでいます。

その小町の恋の歌から見ていきましょう。巻十二の恋歌二に収録された歌であって、亡くなった人の法要がある寺でおこなわれた際、真静《しんじょう》法師（生没年不明）が語った言葉を利用して安倍《あべの》清行（八二五―九〇〇）が小町に送った歌と、その歌に対する小町の返歌です。まず、清行の歌です。

つゝめども袖にたまらぬ白玉は人を見ぬ目の涙なりけり（五五六）

【訳】包んでも袖におさまらずにこぼれる白玉は、人を思う涙なのでした。

大事に包んで袖におさめておこうと思うのに、こぼれ落ちてしまう白玉は、亡くなってもう逢えない人をしのび思って目からこぼれる涙だったことです、と述べていますが、恋の部に収録されていることが示すように、「見ぬ目の涙」には恋しいあなたに逢えない私の涙という意味を含ませています。ここでも気づきの「けり」が使われていますね。清行は、涙がぽろぽろとこぼれ落ちるのも道理であって、それはあなたに逢えない悲しみの涙だったと気づきましたと述べ、逢いたいと訴えかけているのです。女性は家族以外の男性には顔を見せなかった平安貴族のことですので、和歌で男女に関して「見る」とか「逢う」とか言えば、それは夜をともにすることです。

この歌に答えた小町の歌がこちらです。

おろかなる涙ぞ袖に玉はなす我はせきあへずたぎつ瀬なれば（五五七）

【訳】おろそかな涙だからこそ袖に落ちて玉になるのです。私の涙は袖などでとどめきれません、たぎってくだる急流のようですので。

あなたの涙は、亡き人のことを本当に強く悲しんでの涙ではなく、通り一遍のいい加減な涙だからこそ、袖で玉になるのであって、悲しみのあまり急流のように流れ落ちる私の涙とは違います、という返答ですが、私に対するあなたの思いとはその程度のものなんですね、とやり込めた歌です。

問題は、真静法師が法要でどのようなことを述べ、清行はそれをどのように利用したかです。真静法師は『古今集』に和歌が二首収録されており、雑歌上に収録されている次の歌は、「唐《から》琴《こと》と言ふところにて、よめる」という詞書《ことばがき》が付けられています。

宮こまで響き通へるからことは浪《なみ》の絃《お》すげて風ぞひきける（九二一）

【訳】都まで評判が響いているこの唐琴では、名前の通り、浪に絃をつけて風がその絃を弾き鳴らしていたことだった。

唐琴という地名を中国伝来の楽器である唐琴に見立てただけの、しょうもない歌です。そうした点は清行も同様であり、物名では清行は「唐琴といふ所にて、春の立ちける日、よめる（唐琴という地で、立春の日に詠んだ）」という詞書で、こう詠んでいます。

浪の音の今朝から異《こと》に聞こゆるは春の調べや改まるらむ（四五六）

【訳】唐琴の浪の音が今朝から今までと異なって聞こえるのは、立春となって琴の調べが春の音調に改まったのだろう。

「今朝から異に」の部分に「唐琴」を読み込んだ歌であって、これも真静法師の歌に負けず劣らず、しょうもない歌ですね。両人とも唐琴の地で詠んでいるということは、二人で出かけた時に詠んだ歌であって、二人は親しい駄洒落仲間であったということでしょう。となれば、清行が小町に送った歌で利用した真静法師の言葉というのは、心打たれる感動的な名文句というより、機知に富んでいて感心させられる言い回しであった可能性が高くなります。

実際、真静法師は物名に収録された次の歌で言葉遊びをしています。

煙たちもゆとも見えぬ草の葉を誰かわらびと名づけそめけむ（四五三）

【訳】煙が立ち、燃えているようにも見えない草の葉のことを、いったい誰が「わらび」と名付けるようになったのだろう。

ご覧の通り、野草の蕨《わらび》と藁火《わらび》を掛けただけの歌であって、これまでは『古今集』中の代表的な愚作と評されてきました。しかし、この歌は実は仏教の論証法である因明《いんみょう》のうち、「あの山に火有り。煙有るが故《ゆえ》に。かまどの如し」という三段論法の有名な例を踏まえ、「煙が立っていないのだから、火とは名づけられないはずだ」と大真面目に論じて遊んだものなのです。平安貴族たちは仏教の法要や説法に囲まれて暮らしていましたので、現代の『古今集』研究者と違い、真静法師の機知を楽しむことができたのですね。こうしたことから考えて、清行と小町はともにその法要に参加し、真静法師の説法を聞いたため、清行がその機知に富んだ言葉を利用して遊び半分の求愛の歌を送ったと考えられます。

これは、むろん、小町が真静法師のその言葉の面白さと、それを利用した清行の工夫を理解することができることが前提になっています。実際、『古今集』に見える小町の歌には仏教を踏まえた歌が多く、それは恋歌についても当てはまります。たとえば、恋歌五に収録されたこの歌がそうです。

秋風にあふたのみこそ悲しけれ我が身空《むな》しくなりぬと思へば（八二二）

【訳】秋風に吹かれた田の実、つまり稲穂こそ悲しいものです。籾《もみ》が結実せずに空っぽになってしまったと思うと（飽きられてしまった私のこれまでのあなたへの頼みほど悲しいものはありません。そのため我が身がはかなくなってしまうと思うと）。

秋の冷たい風に吹かれて実を結ばなくなった稲穂に、頼みにしていた男に飽きられてしまい、死んでしまいそうになった我が身を重ね合わせた歌です。「田の実」に「頼み」を掛け、稲が結実しないで穂の中が空っぽになることと、自分の身が空しくなることとを掛けてあります。この歌で重要なのは、仏典の記述を利用していることです。これまでたびたび取り上げてきた『正法念処経』の「身念処品《しんねんじょほん》」には、次のようにあります。

この身の如きは念念に生滅し生老病死す。この身は幻の如く、空にして有る所無し。実《じつ》無く堅きこと無きこと、水の泡沫の如し。

【訳】この身は一瞬一瞬に生じて滅し、生れ老い病となり死ぬ。この身は幻のようであり、空であって存在していない。実体が無く堅固でないことは、水の泡のようだ。

また、『維摩経』「方便品《ほうべんぼん》」では、こう説かれています。

この身は実ならず、四大を家となす。この身は空なり、我と我所を離る。この身は無知なり、草木瓦礫《がれき》の如し。

【訳】この身は堅固でなく、地水火風の四元素を家としている。この身は空であり、「自分」と「自分のもの」というあり方から離れている。この身は感覚がないことは、草木や瓦礫のようだ。

『正法念処経』では「身」は「空」で「実無き」もの、つまり長続きする実体がないものであり、老いて病気になって「死」ぬ存在であるとしています。『維摩経』も「身」は「実」ならざるもので「空」であるとし、文脈は違いますが「草木」のようだと説いている点は、小町の歌が我が身を稲穂の実になぞらえた点と共通しますね。どちらも有名な経典ですので、両方を漠然と考慮した可能性もないではありません。右の歌が示しているように、小町の歌は仏教色が強く、きわめて痛切でありながら、遊戯的に見えるほど掛詞などの技法を盛んに用いているのです。雑体におさめられている次の小町の歌もそうです。

人に逢はむつきのなきには思ひおきて胸はしり火に心焼けをり（一〇三〇）

【訳】恋しい人に逢おうとして月が出ておらず逢う手段がない時は、思いの火が燃えて胸が走り火のように熱くなって心が焼けている。

「月」の語は、逢うために男がやって来る夜道を照らしてくれる月と、手段という意味の「つき」を掛けてあり、「逢うすべがない」と嘆く形になっています。「思ひおき」は「思いが起きる」と熱い「思ひ」の「火」が起きるのを掛け、さらに「おき」の語は、赤く熱した炭火などを指す「熾《おき》」を響かせています。というのは、「はしり火」というのは、溶岩が流れるように火が地面を走ることだからです。その代表は、『正法念処経』「生死品《しょうじぼん》」が地獄の苦しみについて詳しく説いている部分で、「行火、地に燃え、（亡者は）火焼くの苦を受く」と述べていることでしょう。地獄では、溶岩のように火が地面を走るのであって、これは地獄を描いた絵図にはよく見られるものです。平安時代の宮中では、十二月の中旬に多くの仏の名を唱えて罪障を懺悔《ざんげ》する仏名会《ぶつみょうえ》がおこなわれており、その際は、地獄絵の屏風《びょうぶ》が並べられたと伝えられています。仁明《にんみょう》天皇の承和年間（八三四―八四八）から仏名会が恒例となったようであり、小野小町は仁明天皇に仕えた女房の一人でした。それ以外のさまざまな講経や説法の際にも、悪業によって落ちる地獄の恐怖を、僧侶が言葉巧みに説いたことでしょう。ですから、小町が恋の苦しさを強調する際、地獄の苦しさを説いた経典の表現や地獄絵の様子を利用したのは不思議ではないのです。

その仁明天皇に仕えた仲間であって、天皇が病気で亡くなると悲しみのあまり出家したのが、良岑宗貞《よしみねのむねさだ》、つまり、後の僧正遍昭です。天皇の一周忌が終わり、人々が喪服から華やかな衣に着替えたと聞いて遍昭が詠んだのが、『古今集』巻十六の哀傷歌におさめられているこの歌です。

みな人は花の衣になりぬなり苔《こけ》の袂《たもと》よかはきだにせよ（八四七）

【訳】人々は皆な色とりどりの衣装を身につけた。私の暗い色の衣の袂よ、せめて乾いてほしいものだ。

「苔の袂」については、涙で苔が生えた衣の袂などとする解釈が見られますが、「苔衣」というのは、漢語では苔そのものを意味します。ここでは苔のように暗い色の衣ということで、出家者が着る黒い僧衣を指すのでしょう。ですから、ほかの人たちと違い、遍昭は明るい色の衣に着替えることはできないのですが、衣の袂が悲しみの涙で濡れたままなので、せめて乾いてほしい、涙が止まってほしいと詠ったのです。

この歌はきわめて有名になったため、後になると小町と遍昭がこの歌を利用して歌の贈答をしたという話が生まれたほどです。『後撰和歌集』雑三では、小町が石上寺に参詣し、日が暮れたために泊まることにしたところ、遍昭がこの寺にいると聞いたため、「石《いわ》の上に旅寝をすればいと寒し苔の衣を我に貸さなむ（岩の上で旅寝をしているのでとても寒いのです。苔の衣を私に貸してください)」と詠んで送ると、遍昭は、「世を背く苔の衣はただひとへ貸さねばうとしいざふたり寝む(世間から離れた出家者の暗い僧衣はただ一重しかありません。かと言って貸さないのはうとうとしいので、これを掛けてさあ二人で寝ましょう)」という返歌だけよこして逃走したとされています。『大和物語』百六十八段では、正月の清水寺のことであって二人は愛人関係にあったとしていますが、これは事実であれ後の伝説であれ、冗談のやりとりです。小町が、あなたの有名な苔の衣を貸してくださいと頼んだところ、遍昭が一枚しかなくて貸せないため、これを掛けて二人で一緒に寝ましょうと応えた部分を含め、遍昭のこの歌は、徹底して『法華経』に基づいていますね。遍昭が属した天台宗が最も尊重していた経典ですね。

まず、衣が一重しかないという部分は、『法華経』の「方便品」が、人々を救う教えについて、「十方仏土中、唯《た》だ一乗法有りて、二無く亦た三無し」と説いている部分を踏まえています。東西南北など十の方角にある仏の国では、いろいろな教えが説かれたようだが、実は『法華経』の真の教えである一乗の法があるのみで、二乗も三乗もないのだという有名な箇所です。貸さないとうとうとしいという部分は、『法華経』の「方便品」が、人々を平等に救う大乗の法を惜しんで説かないなら「慳貪《けんどん》(物惜しみ)に堕」したことになると説き、ほかの箇所でもしばしば「慳吝《けんりん》」を戒めていることに基づくでしょう。衣をかけてという部分については、

「法師品」が、人々が『法華経』を書写・読誦・供養・講説するなら、「如来は則ち為に衣を以て之を覆いたまう。……まさに知るべし、是の人は如来と共に宿り、則ち為に如来は手もてその頭を摩したまうことを（如来は、その人のために衣で覆ってくださる。……知るがよい、この人は如来と同宿し、この人のために如来はその頭を撫《な》でてくださると）」と説いています。『法華経』を尊重する者たちについては、仏が衣をかけてともに宿り、頭を撫でてくれるというのであって、我が子のように大事にしてくださるというのです。

ただ、さすが「二人で一緒に寝ましょう」と呼びかけるような箇所は『法華経』にはありません。これは、中国の章で見た「子夜歌」の一つである「子夜四時歌」のうちの夏の歌に基づいています。

情に知る、三夏の熱きことを
今日、偏に独り甚だし
香巾もて玉席を払い
郎と共に楼に登りて寝ん

【訳】陰暦の孟夏・仲夏・季夏が暑いことは分かっていますが、

今日は特にひどい暑さです。
濡らした香り布で立派な敷物を拭き、
あなたと一緒に楼に登って寝ましょう。

情熱的な民歌が元ですので、あなたとともに風通しのよい楼に登ってともに涼み寝をしましょうと、女性が大胆に呼びかけているのです。「席」とはいぐさなどで編んだ敷物のことであって、「玉席」となれば宝玉で作ったような立派な敷物ということになります。これを和歌の形にすれば「玉の上で昼寝をすればいと涼し　楼に登りていざ郎と寝ん」となり、「石の上に旅寝をすればいと寒し」という句と似てきますね。また、「あなたとともに〜して寝ましょう」という部分は、呼びかけているのが女か男かが違うだけであって、まさに遍昭の返歌の「一枚の衣をかけて二人で寝ましょう」という句そのままです。

そうなると、小町がそのことを理解できると考えての返歌だった可能性が出てきますが、遍昭と小町が実際に「子夜四時歌」に親しんでいた可能性はあるでしょうか。右の「子夜四時歌」は、北宋の郭茂倩が編集した『楽府詩集』に収録されており、その部分は陳の僧である釈智匠の『古今楽録』をそのまま取り込んだ可能性が高いと考えられます。その『古今楽録』は、遍昭と小町の同時代人である藤原佐世《すけよ》（八四七—八九八）が当時存在した書物をまとめた『日本国見在書目録《げんざいしょ》』では、音楽関係の二十二部の書物が並ぶ「楽家」の部の冒頭に見えており、尊重されていたことを示しています。ここで重要なのは、小町と出家前の遍昭が仕えた仁明天皇は、自ら作曲した笛の曲が日本最古の楽譜として残っているほどの音楽好きであり、また美女を愛する風流天子であったことです。しかも、遍昭の父親である良岑安世《やすよ》（七八五—八三〇）は、桓武《かんむ》天皇（在位：七八一—八〇六）の子でありながら、母である百済永継《えいけい》（生没年不明）の位が低かったため、親王にならずに臣籍に下って良岑氏となり、騎射・漢詩・歌舞音曲を得意とし、雅楽寮の長官である雅楽頭《うたのかみ》も勤めた人物でした。遍昭は音楽家の家系に育ったのです。その音楽とは、情歌を含む中国南朝の歌を含むものであって、南朝から百済へ、そして日本へと伝わったものでした。遍昭が「子夜歌」などに通じており、「子夜歌」の特徴である双関語（掛詞）になじんでいたことは、『古今集』恋歌五の次の歌から分かります。

今来むといひて別れしあしたより思ひくらしの音《ね》をのみぞ泣く（七七一）

【訳】すぐ来るよとあなたが言って別れた朝以来、あなたを思い暮らして泣き声をあげて泣くのみです。

男が「すぐ来るよ」と言って出て行った朝以後、やって来ないため、女がひたすら男を思ってその日その日を暮らし、声をあげて泣いてばかりいるという歌であって、「思ひくらし」の部分に鳴き続ける蟬《せみ》の「ひぐらし」を掛けてあります。さらに注目すべきは、これは「子夜四時歌」中の「春歌二十首」の最後の歌を踏まえていることです。こんな歌です。

歓と別れしより後
歎きの音、響きを絶たず
黄蘗《きはだ》、春にありて生じ
苦心、日に随いて長し

【訳】あなたと別れてから
歎く声がしないことがありません。
黄蘗が春に生えるように
苦い心が日に日につのります。

黄蘗は、樹皮の内側が黄色で苦みがあり、漢方の薬として用いられるものです。ですから、「苦くてつらい心」と言うために、これに触れて枕言葉のように用いたのです。「歓」については、中国の章で見たように、江南の女性が愛する男性を呼ぶ言葉でした。「子夜歌」にはそれを用いて「歓と別れしより後」というお決まりの句で始まる詩がいくつもあります。遍昭はこれを利用して「来むと別れし……より」という近い音の句に仕立てたのです。『古今集』で盛んに用いられる掛詞の源流の一つは、こうした江南の歌でしょう。

最後に、『古今集』の四人の編者のうちから凡河内躬恒《おおしこうちのみつね》（八五二？—九二九？）の恋歌を紹介しておきましょう。躬恒が詠んだ技巧的な多くの歌のうち、着目されるのは、恋歌二に見える次の歌です。

君をのみ思ひ寝に寝し夢なれば我が心から見つるなりけり（六〇八）

【訳】あなただけを恋しく思って寝た際に見た夢なので、あなたが見えたのは私の心が作り出した姿を見たものだったことだ。

これまで「我が心から」の語は自業自得の「自」を和語化したものだと説明してきましたが、

この歌での「我が心から」は、この前後の時代でただ一つだけその用法とずれている例です。『万葉集』においては、恋しい相手が目の前に見えるのは、相手が自分のことを思っているためであって、魂が飛んで来たのだという理解です。『伊勢物語』などにもそうした例が見えますが、『古今集』のいくつかの歌は、躬恒の歌と同様で、逢いたいと思っている心がそうした夢を見させたとする立場です。右の躬恒の歌については、契沖が『古今余材抄《こきんよざいしょう》』で「一切唯《いっさいゆい》心造《しんぞう》の文の心に似たり（一切はただ心が造り出したものだという経文の意味に似ている）」と指摘したにもかかわらず、江戸時代の国学者たちが外来の教えだとして仏教を排斥した影響なのか、現代の注釈のほとんどが契沖の説を無視しているのは遺憾です。「一切唯心造の文」とは、唐訳『華厳経』「夜摩宮《やまぐう》中偈讃品《ちゅうげさんぼん》」の次の有名な偈を指します。

もし人、三世一切の仏を了知せんと欲せば、まさに法界《ほっかい》の性として一切は唯心の造なり、と観ずべし。

【訳】もし人が過去世・現世・未来世の仏を理解したいと願うなら、この現象世界の本性として、すべてはただ心が造り出したものだ、と観察すべきである。

唯心という点は契沖の指摘通りですが、この歌の直接の典拠は、最初期の大乗経典であって、すべては心が造り出すという唯心の教義、すべては空だという教義、そして浄土信仰を説いて『華厳経』やその他の経典に影響を与えた『般舟三昧経《はんじゅざんまいきょう》』の記述でしょう。すなわち、釈尊滅後に仏にお逢いしたいと願う者は、一心に仏を念じ続ければ、現在、ほかの国土にいる諸仏が目の前に現れてくださるのであって、それは夢の中の出来事のようだというのです。そして、これは、他国の美しい遊女の噂を聞いた者たちが「婬意」にかられてぜひ逢いたいと願うと、夢の中でその遊女たちのところに行って一夜をともにし、目覚めても覚えているようなものだというすさまじい例があげられます。さらに、阿弥陀仏についても「専念するが故に見ることを得」るのだとし、阿弥陀仏を見たうえで「仏は何《いず》れの所より来るや。我、はた何れの所に到るや」と考えてみても、「仏はよりて来たる所無く、我も亦た至る所無し」なのであって、「我が念ずる所を即ち見る。心が仏と作《な》り、心が自ら見る」のみだと断言しています。

躬恒の歌の「我が心から見つる」の「我が心から」は、おそらく、「逢いたいと願う自分の心があなたの姿を造り出したのだ」という唯心説と、これまで見てきたような自業自得の意味、つまり、「自分で勝手に夢見たため、当然ながら本物でなくてがっかりさせられた」の意が重ねられているのでしょう。躬恒が「心から」の語の本来の意味をわきまえていたことは、恋歌二の躬恒の次の歌からも推測されます。

夏虫をなにかいひけむ心から我も思ひに燃えぬべらなり（六〇〇）

【訳】灯火に飛び込む夏虫についてどうして愚かだなどと言ったのだろう、私も自分から「思ひ」の「ひ（火）」によって焼けてしまいそうです。

この歌については、夏虫とは光を発する蛍のことであって、仏教とは無関係だとする解釈もあるものの、おおよその傾向としては、仏教の譬喩に基づく歌であることが認められています。遍昭の歌のところで見たように、蛾が自分から灯火に近づいて焦げ死ぬことは多くの経典が愛欲の危険さの例としてあげていることです。特に『仏名経』が、自分が作った罪業が後に自分を苦しめることについて、「蠶《かいこ》の繭《まゆ》を作り自ら縈《まと》い自ら縛すが如く、蛾の火に赴きて自ら焼け自ら爛《ただ》れるが如し（かいこが繭を作り、自分でからめて自分で縛るようなものであり、蛾が火に向かって行って自分で焼けて自分で焦げるようなものだ）」と説いているのは有名です。繭になってしまうと、熱湯でゆでられて死んでしまい、絹糸を取られるだけですので。

このほかにも、『古今集』の恋歌には仏教色が濃いものが多いのですが、重要なのは、平安貴族は恋を人生の柱としていたためか、無常な世間を意味する言葉だった「世の中」という語、さらには「世」という言葉が、世間一般を指すのでなく、男女関係の面を中心とした世間のあり方を意味するようになったことです。当然ながら、その場合、男女の関係、特に男の心はうつろいやすいというニュアンスを帯びるようになります。たとえば、恋歌五に見える「詠み人知らず」の歌がその好例です。

世の中の人の心は花染めのうつろひやすき色にぞありける（七九五）

【訳】世の中の人の心というものは、草木染めの色が色あせやすいように変わりやすいものであったことですよ。

『万葉集』で見た草木染めのパターンが用いられており、ここでも気づきの「けり」が使われています。つまり、前から聞いてはいたけれど、実際にそうした仕打ちを受けて、「本当にそうだったのだ」と思い知ったという形で嘆くのです。この歌のすぐ後に置かれている小町の歌も同様です。

色見えでうつろふものは世の中の人の心の花にぞありける（七九七）

【訳】（花は目に見える形で色がうつろっていきますが）表面には見えないでうつろっていくのは、世の中の人の心の花であったことでした。

ここでも「けり」が用いられていることが重要ですね。『古今集』の恋は、仏教の視点によって、自分の心と相手の心のあり方に気づかせるものでした。

『竹取物語』の親父《おやじ》ギャグ

そうした小町の宮廷仲間であった遍昭が書いたとする説もあるのが、日本における物語の始祖とされる『竹取物語』です。かぐや姫の物語として親しまれており、後半はかぐや姫に恋した帝《みかど》と月に帰って行くかぐや姫の悲しい別れの物語になっていますが、実際には、ここでは紹介できないほどの下ネタを含む親父ギャグ満載のおふざけ作品です。そもそも、この物語は駄洒落で始まり、駄洒落で終わっています。まず、冒頭では、竹細工をして暮らしている竹取りの翁《おきな》が、根元が光る竹の中に三寸ほどの可愛らしい女の子がいるのを見つけ、「ここになりたまふべき人なめり」とつぶやいて家に連れ帰ります。これは、「我が子におなりになるはずの人なのだろう」ということですが、「子」になるの「こ」に竹で編んだ「籠《こ》」を掛けてあります。そして物語の最後は、月の世界に帰ることになったかぐや姫が、心を通わせるようになった帝のために「不死」の薬を残したものの、帝はかぐや姫に逢えないならそんな薬は不要だとし、多くの武士たちに最も高い山に登らせて焼かせたのであって、その煙が今も立ち上っているため、「ふし（不死）の山」あるいは武士に富むので「富士の山」と言うのだ、といかにももっともらしいしめくくりにしています。『竹取物語』には、この類いのわざとらしい語源説明がたくさん盛り込まれているのです。

古代の日本には、「この地は～であったため、～と呼ばれる」という形の地名説話が多いのですが、『竹取物語』の語源の説明は、まったくのこじつけであることが分かるわざとらしい説明、それも下品なものが少なくありません。たとえば、かぐや姫に求婚して難題を出された五人の貴公子たちのうち、「燕《つばめ》が持っている子安貝」を取って来てくださいと言われた石上《いそのかみ》中納言は、籠《かご》に乗って縄で引っ張らせて燕が高い場所に作っていた巣まで近づき、子安貝を握ったつもりが墜落して気絶します。そして、目覚めると燕の糞《ふん》を握っているだけであったのでがっかりし、「あな、かひなのわざや（ああ、甲斐がないおこないだった）」と語ったため、期待が外れることを、「貝がない」ということで「かひなし（甲斐がない）」と言うようになった、などとでたらめを述べています。しょうもないですね。

この『竹取物語』が仏教経典に基づくことは、かの幸田露伴（一八六七―一九四七）が早くに指摘していました。『維摩経』の維摩の娘である月上女《がつじょうにょ》（月の光より輝かしい娘）が主人公となっている『月上女経』です。この経では、月上女は生まれるときわめて美しい姿であって、「大光明有りて、其の家の内を照らし、処処に充満す」と説かれており、『竹取物語』でかぐや姫が美しく成長すると「屋のうちは暗き所なく、光満ちたり」とあるのと同じです。しかも、貴公子たちの求婚を拒んだかぐや姫と同様、月上女は多くの男たちに求愛されながら、それらをすべて断ります。また、月上女が人々に淫欲の災いを説法するために楼に登った際、月上女の右手に突然生じた蓮華の中から現れた金色の仏について、経は「威光、赫奕《かくやく》として彼の楼を照らす（威厳に満ちた光明がキラキラと輝いてその楼を照らした）」と述べており、「かくやく」という語も見えています。

『月上女経』では、その両親は結婚するよう強要しませんが、『竹取物語』では翁は「この世の人は、男は女にあふことをす。女は男にあふことをす」と述べて結婚を強く勧めます。この場合の「あふ（逢う）」とは交わることです。そして、かぐや姫が断ると、あなたは「変化《へんげ》の人」ではあるものの、女の体を持っているのだから結婚しないわけにはいきませんと迫ります。

「変化の人」とは、何かの化身ということですが、仏や菩薩とはみなしていないようですので、天人の化身と考えているのでしょう。翁のこの説得は戒律に基づいています。東アジア諸国の戒律の主流であった『四分律《しぶんりつ》』「調部之二」では、出家について通常の性行為を禁ずるばかりか、天女や鬼女や「畜生の能《よ》く変化せる者の女と淫を行ぜば、一切、波羅夷《はらい》なり（動物がうまく化身した女と性行為をしたら、すべて、教団追放の罪である）」と述べています。狐などが「変化」したものと交わっても、女性と交わったとみなされるのです。翁はこれを逆転し、「変化の者」であっても女の体を持っている以上、男と交わるべきだ、と説いたのです。ふざけてますね。『法華経』や『維摩経』などなら、在家の信者でも読みますが、戒律を学ぶのは出家者だけです。『竹取物語』の作者は僧侶か還俗した人物だと考えられるのは、このためです。

『竹取物語』の筆者が仏教に詳しいことを示す箇所はほかにも多く、たとえば、かぐや姫に仏の石鉢を持って来るよう求められた石作皇子《いしづくりのみこ》が、山寺で手に入れたすすけた鉢を持参し、かぐや姫に光がないため偽物だと見破られた場面もその一つです。皇子は、かぐや姫の家から出ようとしますが、門のところに鉢を捨て、

しら山にあへば光のうするかとはちを捨てゝも頼まるゝかな

【訳】雪で白い山に出逢ったため光がなくなったのではないかと、鉢を捨てても頼みにしてしまうことだよ。

という歌を詠み、かぐや姫に届けさせます。鉢は本物であるのに、雪山のように輝くかぐや姫の前で光がなくなっただけではないか、と弁明したのですが、もちろん、かぐや姫は相手にしませんでした。そこで、『竹取物語』は、鉢を捨ててさらにあつかましい申し出をしたことから、「面なきことをば、はぢを捨つとは言ひける（あつかましい行為をすることを、恥〔鉢〕を捨てると言ったことだった）」と、でたらめな語源説明をしています。

面白いのは、維摩の娘である月上女の話をヒントにした『竹取物語』に見える鉢を捨てるというこの行為が、ほかでもない『維摩経』に見えることです。毒舌の維摩にやり込められた仏弟子の一人である須菩提《しゅぼだい》が維摩の邸宅に乞食におもむいた際、維摩は須菩提の鉢を食べ物で満たした後、次々に逆説的な難問を発したため、須菩提が呆然《ぼうぜん》として答えることができず、「すなわち鉢を置き、其の舎を出でん」としたところ、維摩は「須菩提よ、鉢を取れ。懼《おそ》るるなかれ」と語り、真実は文字・概念を離れていることを示します。この部分について、天台宗の開祖である智顗《ちぎ》（五三八—五九八）の注釈『維摩経文疏《ゆいまきょうもんじょ》』を唐代天台宗の湛然《たんねん》（七一一—七八二）が略抄した『維摩経略疏』では、「鉢を置く」でなく、「鉢を棄て、去らんと欲す」と記しています。つまり、「鉢を捨てる」と述べている『竹取物語』は、天台宗の注釈に基づいている可能性が高いのです。

また、『維摩経』では、釈尊が体調を崩して牛乳を必要としたため、阿難が牛乳を布施してもらうために鉢を手にしてバラモンの大きな邸宅に行った際、出逢った維摩に事情を説明したところ、釈尊は金剛の体であって病気などしないと叱られました。阿難は、釈尊の言葉を誤って聞いたのかと恥ずかしく思って立ち去ろうとすると、空中で声がし、「阿難よ、維摩居士の言う通りだ。ただ、仏はさまざまなものが悪化した世に出現されたため、こうしたあり方を示し、人々を悟らせて輪廻から脱せしめようとするのだ。行け、阿難よ。牛乳を受け取れ。慚《は》じてはならない」と教えます。ここでも鉢が出てくるうえ、「恥じない」ことも説かれています。これらを合わせれば、石作皇子の行為のモデルになるでしょう。

これまで見てきたことからも分かるように、『竹取物語』は駄洒落好きで、天台宗の知識がある僧侶によって書かれた可能性があるということになり、僧正遍昭作者説はもっともということになります。私は、遍昭の作の可能性は高く、そうでない場合は、遍昭のようなタイプの天台僧の筆になるものと考えています。

さて、『竹取物語』の後半は、かぐや姫に対する帝の恋ごころを描いたものでした。ただ、かぐや姫の噂を聞いた帝は、最初は裕福になった竹取の翁の邸宅を訪れ、かぐや姫の袖をとらえて強引に宮中に連れて行こうとしています。すると、かぐや姫は、「きと影になりぬ（ふっと影となった）」とされ、帝は「はかなく、口惜し」と思い、「げにただ人にはあらざりけり（誠に、尋常の人ではなかったのだ）」と思ったと記されています。「ただ人」ではないというのは、竹取の翁の言う「変化の人」と同じことでしょう。問題は、かぐや姫が「消えた」などと書かれず、「影となった」とある点です。仏教ではすべての現象は実体がなく、はかないことを説く際、譬喩として夢や幻などのほか、「変化」や「影」を例にあげることが多いのです。『維摩経』でも、「方便品」がこの身の無常さについて十の譬喩をあげた箇所で、「是の身は影の如し」と説いています。

むろん、『竹取物語』では、かぐや姫は月の都の人とされており、人間世界で一定の時間を過ごした後、月に戻るとしている点など、神仙思想に基づいた仙女の物語という一面を持っています。仁明朝は、神仙思想が流行しており、そうした漢詩文がいくつも作られていました。ただ、かぐや姫は月の都で罪をおかして地上に追いやられたのではなく、「昔の契りありけるにより」この世界に来たとしており、仏教の因果説がまぎれ込んでいるのです。

また、仏教でも神仙思想でもない部分も見られます。たとえば、かぐや姫が影になって身を守って以後、帝は権威をふりかざして我がものにしようとしたりはせず、手紙のやりとりをして「御こころをたがひになぐさめ給」うようになった点がその一つです。影のようだと知る点は仏教でも、手紙のやりとりによって心を通わせ合うようになり、しんみりとした愛情へ、つまり「あはれ」へと向かった点は日本風だと言えるでしょう。

『伊勢物語』の恋歌の仏教利用

恋と仏教が見事に結びついている代表は、プレーボーイとして名高い在原業平をモデルとし、歌物語の元祖とされる『伊勢物語』です。成立年代については諸説あるものの、現在の形になったのは『古今集』に近い頃と推定されています。その『伊勢物語』の冒頭の段は、初冠《ういこうぶり》をしたばかりの男、つまり成人式を迎えたばかりの若者が都ではなくなってさびれていた奈良の春日の里に狩りに行ったところ、艶っぽい姉妹を見て「心地まどひ」、すぐ歌を詠んで送った、という話です。都から遠く離れた地で妖艶な美人姉妹を垣間見《かいまみ》て心奪われるというのは、言うまでもなく、中国の章で見た『遊仙窟』の設定そのままです。ただ、最初の段だけでなく、『伊勢物語』の最後の段でも、主人公である男が病気になって「心地死ぬべくおぼえ（気持が死ぬに違いないと思われ)」たという形で使われているこの「心地」という言葉は、citta-bhūmiという言葉の漢訳であって、六朝以前の中国古典には見えない言葉なのです。cittaは心、bhūmiは地の意味であって、その二つを組み合わせて心のあり方を指します。しかも、これまで注意されていませんが、『伊勢物語』の最後の段では無常に関する経典の言葉を利用した歌を詠ませているうえ、その前の段では、色好みである主人公の男を、なんと、釈尊になぞらえています。つまり、『伊勢物語』は唐代の好色本である『遊仙窟』の設定を利用して始まっており、仏伝を利用して終わっているのです。

順序は逆になりますが、最後の二段における仏教利用から見ていきましょう。百二十四段は、こうなっています。

むかし、男、いかなりけることを思ひける折にか、よめる。

思ふこといはでぞただに止みぬべき我と等しき人しなければ

【訳】昔、ある男が、どんなことを思った折なのだろうか、次の歌を詠んだ。

思うことがあっても、口に出して言わないでそのまま黙ってしまうべきなのだ。私と等しい人はけっしていないのだから。

このうち、私と等しい人はいないという箇所について、現代の研究者は「心」の語を補い、私の心を理解してくれる似たような心の人がいないと訳す場合が多いのですが、「心」という点を強調したいなら「心」の語を用いたでしょう。右の歌では単に「我と等しき人」がないと述べているのですから、そのままの表現を用いている典故、しかも、そうした人が思いを語らないままにするような典故を考えるべきでしょう。実際、そうした典故があります。多くの仏伝が伝える梵天勧請の場面です。たとえば、広く読まれた『仏本行集経』の「梵天勧請品」では、釈尊は悟った際、その内容があまりにも奥深くて世間の人には理解できないだろうと考え、説くのをやめようとしたところ、大梵天王が現れ、能力が優れた者もいるため説いてください、とお願いしたとされています。『仏本行集経』では、釈尊は「我、むしろ黙然として般涅槃に入らん（私はむしろ黙ったままで完全な涅槃に入ろう）」と考えたとしており、大梵天王の懇願を受けた結果、釈尊が説法を開始すると、カピラ城の多くの大臣たちが釈尊に「無等等者《むとうどうしや》（等しい者がいない至高の存在）」と呼びかけ、供養を受けてくださるようお願いしています。また、古代に全国の国分寺で読誦された『金光明最勝王経《こんこうみょうさいしょうおうきょう》』の「如来寿量品」でも、如来は慈悲によって人々を救う点が、父母の如くであって「余には等しき者無し（余無等者）」とあり、等しい者はいないことが強調されているように、さまざまな経典において釈尊には等しい者がないことが説かれています。
この百二十四段が仏教を強く意識していることは、物語の結末となる次の百二十五段が示す通りです。

むかし、男、わづらいて、心地死ぬべくおぼえければ、
つひにゆく道とはかねて聞きしかどきのふ今日とは思はざりしを

【訳】昔、男が病気になって、死んでしまうに違いない気持になったため、最後に行く道とは前から聞いていたが、きのう今日のこととなろうとは思わなかったことなのに。

死がさしせまっているなら、「今日明日にも」となりそうなところであるのに、歌では「きのふ今日」となっています。これは五七五の形におさめるためではあるでしょうが、人は無常な存在であって、死は意外にも早く来ることを説く際、昨日と今日を対比させて説いた経典があります。

仏伝の一つである『出曜経《しゅつようぎょう》』において、仏が阿難に先ほどまで元気であった人の命がその日のうちに失われるのは少しも珍しくないと説き、重ねて示した偈はこうなっています。

さきに観見《とけん》せし所も　夜には則ち現ぜず。昨瞻《きのうみ》し所の者も　今夕には則ち無し。

【訳】先ほど見かけたものも、夜には現れない。昨日見た者も、今日の夕方にはもういなくなっている。

まさに、「きのふ今日」です。『伊勢物語』がこの語を意識して使っていることは、六十七段でもこの言い方を使っていることを見ても分かります。この段では、昔、男が友人たちと二月に連れ立って出かけ、生駒の山を見ると、曇ったり晴れたりして、雲が湧き上がってやまず、朝のうち曇って昼に晴れたと思ったら、雪が木の梢《こずえ》に白く降っていたので、一行の中でただ一人、男が詠んだとして次の歌が置かれています。

きのふ今日雲のたちまひ隠ろふは花の林を憂しとなりけり

【訳】きのう今日と、雲が湧きあがって山を隠していたのは、花の林を憂きものとしていたためだったのだ。

この歌は意味がとりにくく、雪で梢が白い花のようになった美しい林を人に見せるのを嫌がり、独占しようと雲が隠したのだなど、さまざまな解釈がされてきた歌です。しかし、「花の林を憂しと」するというのですから、「憂し」とは人に見られるのが嫌なのではなく、「花の林」そのもののことを言っているようにしか見えません。また、朝から曇っており、昼になって晴れたところ、山に雪が降っていたため、「これを隠していたのか」と気づいたのは今日のことであって、昨日は曇る時があったとしても雪は降っていなかったのですから、「きのふ今日」という表現がなされるのは不自然でしょう。となると、この和歌の作者は多少の無理をしてでも「きのふ今日」という表現を使いたかったことが考えられますが、百二十五段では「きのふ今日」が無常を示していたのですから、この段でも「きのふ今日」は無常を背景としている可能性が出てきます。となると、無常に関係する例で、急に白くなった林が憂きものとされる故事は一つしかありません。釈尊が涅槃された際の林です。大乗の『涅槃経』の「寿命品」によれば、釈尊が涅槃しようとした際、「娑羅樹林、其の林、白に変ずること、猶お白鶴の如し」と記されています。花の林という言葉は見えていませんが、これなら、雲が湧き起こって山を隠したのは、雪が降って急に白い花の林のようになり、見ると釈尊の涅槃時を思い起こさせてつらい気持になるためだったのだ、ということになります。

このように、『伊勢物語』には仏教経典の記述を利用しておりながら、これまで気づかれずにきた箇所がいくつもあるのです。恋の話の段も例外ではないため、代表例として九十九段を見てみましょう。人気が高かった右近の馬場での騎射の練習の日、中将であった男が見に出かけると、向こう側の牛車《ぎっしゃ》の下すだれごしに女の顔がほのかに見えたため、歌を詠んで届けたところ、女から返事があり、後にその女と親しい関係になったという話であって、贈答した歌は次の通りです。

見ずもあらず見もせぬ人の恋しくはあやなく今日やながめ暮らさむ

返し

知る知らぬ何かあやなく別《わ》きていはむ思ひのみこそしるべなりけれ

【訳】見ないでもなく見てもいない人が恋しいため、今日はむなしく物思いにふけって暮らすことだろう。

返歌

見知ったとか見ても知らないとか、どうしてむなしく区別して言うのでしょう。本当に恋しいのであれば、あなたの「思ひ」の「ひ（火）」こそが道しるべとなるはずであったことですよ。

男女とも理屈くさい歌ですね。恋歌の場合、女性の歌は男の求愛の言葉をはねつけたり、からかったり、知らんふりしたりするのが常ですが、右の歌はお説教しているように見えます。実際、この贈答歌はともに仏教の論義を踏まえているのです。まず、中将の歌の冒頭は「見ずもあらず見もせぬ」とあって、二重否定と否定が続いていますが、『万葉集』の和歌にはこんなひねくれた言い回しはありません。一方、こうした否定を重ねることは、仏教ではよく見られるものです。「空」を強調した龍樹（ナーガールジュナ）の『中論』などで盛んに用いられた「四句分別」と呼ばれる論証法では、（一）Aである、（二）Aではない、（三）Aであり、かつAでない、（四）AでもなくAでないのでもない、という順で論じられ、最終的にはこれらすべてが固定的な分別だとして否定されます。こうした考え方を「見る」「見ない」という行為について適用した例としては、中国で三論宗の教義を大成して日本にも影響を与えた吉蔵《きちぞう》（五四九―六二三）が、『維摩経義疏』において、「見るに非ず、見ざるに非ず（非見非不見）」という言い方を二度用いています。ほかにも経典や中国の注釈にはこの類いの表現がしばしば見られます。これを順序を変えて和語化すると、『伊勢物語』の「見ずもあらず見もせぬ」となるでしょう。

中国でこうした二重否定や否定の句を漢詩で盛んに用いたのは、仏教の影響を強く受け、平安文学に絶大な影響を与えた白居易や元稹などでした。『大江千里集《おおえのちさとしゅう》』の有名な「照りもせず曇りもはてぬ春の夜のおぼろ月夜にしく物ぞなき（照るわけでもなく曇りきってしまうこともない春の夜のおぼろ月夜にかなう風雅な光景はない）」という歌にしても、白居易の「嘉陵《かりょう》夜有懐二首」（『白氏文集』巻十四）の「明らかならず暗からず、朧朧《ろうろう》の月　暖かきに非ず寒きに非ず、慢慢たる風（明るくもなく暗くもない、ぼんやりとした月。暖かいわけでもなく寒いわけでもない、ゆるやかな風）」という句を踏まえています。

さて、右の中将の歌よりも女の返歌はさらに理屈くさいため、本当に女性の歌なのかどうか疑問です。「何かあやなく別きてい」うのうち、「あやなく」はむなしくとか、みだりにということですし、「別きて」は区別してということであって、「みだりに区別する」というのは、漢訳経典では「虚妄分別《こもうふんべつ》」という術語として山のように出てくる表現です。たとえば、『維摩経』に関する訳者の鳩摩羅什やその弟子たちの注釈を集成した『注維摩経』のうち、僧肇《そうじょう》（三七四—四一四）の注釈は、欲による貪りについて「法には美悪なし。虚妄に分別して、是れ美、是れ悪と謂うのみ（現象には美醜はない。みだりに分別して、これは美しい、これは醜悪だと言うだけのことだ）」と説明しており、「虚妄に分別して謂う」という表現が見えています。

ただ、仏教では、見る見ない、知る知らない、といった対立に固執することが戒められるのに対し、中将の歌では、見えなかったわけでもなく、はっきり見えたわけでもないような見え方だったからこそ、恋ごころがつのってならない、と訴えています。これは、『万葉集』の歌が、無常であればこそ恋ごころがつのるとしていたことに対応しています。仏教の影響を受けているものの、恋の歌において文脈を変えて利用するというのが、日本の特色なのです。

右で見たような複雑な否定の表現を恋歌で用いるのが『伊勢物語』の特徴であることは、『伊勢物語』の書名の由来となった六十九段からも知られます。この段は、中将と呼ばれる男が伊勢の国に狩りの使いに出向いた際、未婚の身のまま伊勢神宮に仕える斎宮《さいぐう》として派遣されていた皇族女性の親が、普通の使者よりは丁重にねぎらうよう娘に伝えたため、斎宮が手厚いもてなしをしたところ、男が心を惹かれ、斎宮と関係を持ってしまった、という設定になっています。男が逢いたいと申し入れたものの、人目が多くて逢えないまま、男が軒近くの部屋で外を見ながら臥せっていたところ、月がおぼろな夜中に斎宮が小さい童女の後ろに立っていた……ため、喜んで寝所に引き入れたものの、斎宮が夜のうちに帰ってしまったため、後朝《きぬぎぬ》の手紙を送ることもできずにいると、女の方から歌が届いたとして、以下のような歌の贈答が記され、翌朝、男は狩りに出たと書かれています。

君や来し我は行きけむおもほえず夢かうつゝか寝てかさめてか

男、いといたう泣きてよめる。

かきくらす心の闇にまどひにき夢うつゝとはこよひ定めよ

【訳】あなたが来たのでしょうか、私が行ったのでしょうか、分かりません。あれは夢だったのでしょうか、目覚めてのことだったのでしょうか。

男は、たいそう泣いて返歌をした。

急に真っ暗になった心の闇に迷ってしまったのです。夢なのか目覚めてなのかは、今晩確かめてください（今夜、もう一度来てください）。

男が軒に近いところで寝ていると、夜中に若い女がやって来るというのは、『鶯鶯伝』の影響によるものですが、先の段と同様、妙に理屈くさいことが気になります。あなたが来たのか、私が行ったのか分からないというのは、先ほど見た『般舟三昧経』が夢の中での遊女との交情を例にあげ、「仏は何れの所より来るや。我、はた何れの所に到るや」と考えてみても、「仏はよりて来たる所無く、我も亦た至る所無し」だと言われていたのと同じ図式です。『万葉集』や『古今集』で見たように、ここでも仏教の表現が恋歌に用いられているのです。

男の返歌にしても、「心の闇」というのは、中国の古典には見られず、漢訳経典が用いた表現です。『正法念処経』「地獄品」では、優れた僧は「能く甚深《じんじん》なる因縁の灯明を以て、癡心《ちしん》の闇を除く（深遠な因果の道理という灯明によって、愚かな心の闇を除く）」と説いています。またその「心の闇」については、歌では「かきくらす」とあるため、急に心が真っ暗になったとされており、「まどひにき」と続くため、その暗い闇の中で惑ったとされていますが、心が急に真っ暗になって迷うという表現も仏教文献にあります。

たとえば、真諦三蔵《しんだいさんぞう》（四九九―五六九）の訳とされるものの、真諦による説明も加えられている『随相論』では、「もし心闇《くら》ければ、則ち境《きょう》に迷う（もし心が暗いと、認識の対象に惑わされる）」と説いています。また、天台宗の開祖である智顗の初期の作である『六妙法門』では、坐禅している際に起きる障害について、「一には、坐禅中に、忽然《こつねん》として垢心が昏闇し、境界《きょうがい》を迷失す（第一は、坐禅している際に、突然、汚れた心が真っ暗になり、目の前の対象が分からなくなる）」と述べています。「忽然」とは突然ということです。見て分かるように、「突然、心が闇くなって迷う」という状況であり、「かきくらす心の闇にまどひにき」の歌そのままです。ただ、智顗は坐禅中の障害について述べているのに対し、『伊勢物語』は似た表現を、恋ごころが高まって何も分からなくなると述べる場面で利用しており、またしても日本風な勝手な使い方がなされています。

この段は、簡略化された形で『古今集』に載せられていますが、そちらでは主人公は中将ではなく、「業平の朝臣」と明記されており、その業平が詠んだという歌も末の句が違っています。ただ、その末の句もやはり仏教に基づいているのです。

かきくらす心の闇にまどひにき夢うつゝとは世人《よひと》定めよ（六四六）

【訳】急に真っ暗となった心の闇にまどってしまったのです。夢だったのか現実だったのかは、世間の人が決めてください。

この「世人定めよ」と『伊勢物語』の「こよひ定めよ」とでは、どちらが古い形なのか諸説あるのですが、「世人が定める」という点は、天台三大部の一つとして尊重される智顗の『摩《ま》訶止観《かしかん》』巻九が禅定中の「一念」について説いた部分に見えています。

復《ま》た次に言う、「一念」とは、世人の一・異に取著《しゆじやく》する定相《じようそう》の一念に同じからず。乃ち是れ一に非ず、異なるにも非ずして一を論ずるのみ。譬えば法を泯《みん》じ心を覆えば、一念の中に無量の世事を夢みるが如し。

【訳】また次に言う。ここでいう「一念」とは、世間の人が一なのか異なるのかに執著する固定した相の一念ではない。つまり、一でもなく、異なるのでもない形で「一」と言っているだけだ。たとえば、真実のあり方をくらまし、心を覆ってしまうと、一瞬のうちに無限にさまざまな世間の事象を夢見るようなものだ。

ここには、「世人」という言葉だけでなく、「定」の語も「夢」の語も見えています。つまり、世間の人は、対立を離れたあり方が理解できないため、同一なのか異なるのかを固定した形で定めたがるというのです。業平の歌が「世人定めよ」と言いはなっているのは、夢なのか現実なのかといった議論は世間の人に任せておきましょう、と斎宮に呼びかけているのです。『摩訶止観』が「世事を夢みる」と述べているのは、世間一般のさまざまな事象を夢に見るということですが、平安時代の日本では「世」は男女の関係を意味する場合もあったことに注意すべきでしょう。

なお、『古今集』にしても『伊勢物語』にしても、この話の女について斎宮と明記していることは重要です。先に述べたように、伊勢の斎宮には皇族の未婚の女性が任命され、男と関係を持つと、資格なしとして都に呼び戻されるのが通例でした。しかし、『古今集』も『伊勢物語』も、いわば禁忌の恋を公然と描き、しかも、仏教の表現を利用して歌にしているのです。その『古今集』と『伊勢物語』が、和語の古典の筆頭として長く尊重され、多くの注釈が作られてきたのが日本という国なのです。

さて、『伊勢物語』には、仏教を使って遊んでいる話も多いのですが、その中でも、とびきりひどいのが六十三段です。こんな話です。

昔、色好みな女がおり、なんとしても情に富んだ男と夜をともにしたいと思っていたが、言い出しにくいため、三人の子供を呼んでそうした夢を見たと語った。二人は相手にしなかったが、一人の子はよい男が現れるという夢だと答えて母を喜ばせた。そして、在五中将、つまり、在原家の五番目の男子である中将の業平に逢わせてやりたいと思い、中将が狩りにおもむいた際に事情を告げると、中将は不憫《ふびん》に思って女の家に来て寝てやったことだった。以後、来なくなったため、女は中将の家に行ってのぞいたところを中将がちらっと見て、「百歳《ももとせ》に一歳《ひととせ》たらぬつくも髪　我を恋ふらしおもかげに見ゆ（百歳に一歳だけ足りない白髪の女が私を恋しく思っているらしい。その姿がぼんやり見えるので）」という歌を詠んで出発する様子だったため、女は来てくれるものと喜び、垣根のいばらなどに引っかかりながら急いで家に戻り、横になった。そして、中将が女の家についていて、先の女のようにこっそりのぞくと、女が嘆き寝の様子をして、「さむしろに衣かたしき今宵もや　恋しき人に逢はでのみ寝む（むしろの上に衣の片方だけを敷き、今夜も恋しい人に逢えないまま寝るのか）」と詠んだため、中将は心打たれてその夜は共寝してやった。

以上ですが、この話には最後に次のような文章が付されています。

世の中の例として、思ふをば思ひ、思はぬをば思はぬものを、この人は、思ふをも思はぬをも、けぢめ見せぬ心なむありける。

【訳】男女の関係の例として、恋しいと思う相手をこそ恋しく思い、恋しいと思わない相手を恋しいと思わないところだが、この人は、恋しいと思う相手も思わない相手についても、区別を示さない心があったことだった。

なんとももっともらしくてふざけたコメントですが、これが実は仏教に基づいているのです。仏教では、先に触れたように、見る側と見られる側というようにものごとを対立するものととらえることを、虚妄分別として否定するのが常です。たとえば、これまで何度も取り上げてきた『正法念処経』では、「生死品」においてこう述べています。

是の如く色を観じ、思惟して知り已れば、一切の色は皆な悉《ことごと》く堅無く、唯だ分別有るのみと知る。此の色も是の如し。愛と不愛有るも、此の愛と不愛は、体は得べからず。此れ唯だ世間、もしは愛、もしは憎と、分別して摂取するのみ。

【訳】このように現象を観察し、よくよく考えて理解しおわれば、一切の現象には皆な堅固な本体がなく、ただ分別があるのみだと分かる。この現象もそれと同様だ。愛らしいものと愛らしくないものがあるが、その愛らしさと愛らしくなさは、本体は得られない。こうした区別は、ただ世間が、愛らしいとか憎らしいとか、分別して受け取るだけだ。

いかがでしょう。右の訳では「不愛」を漢文通りに「愛らしくないもの」と訳しましたが、「愛不愛」の原語であるpriyāpriyaはpriya（愛らしい）とその否定の形であるapriyaを組み合わせた決まり文句であり、apriyaは愛らしくないというよりもっと強い「憎らしい、不快な」の意味です。これは、「不久（ひさしからず）」と訳されるaciraが、「あまり時間がたたないうちに」ではなく、「すぐに」の意味であるのと同様です。ですから、『正法念処経』の右の文章は、愛らしいものや憎らしいものがあると思うのは、世間の人の分別にすぎないと述べているのであって、これをつくも髪の老女に当てはめると、「思はぬ」は、さほど恋しく思わないというより、「いやだと思われる」ということになります。実際、この老女は、色好みのストーカー婆《ばあ》さんのように描かれていますね。そうした嫌な婆さんについても共寝してやったということで、業平は中世になると精力盛んな馬のイメージが重ねられ、実は馬頭観音の化身なのだといった説明が秘伝として伝えられるようになりました。江戸時代になると、こうした荒唐無稽な仏教系の解釈が排除されるようになったのは良いのですが、その余波が現代にまで影響を及ぼしており、文学作品を仏教と関連づけずに解釈しようとする傾向が強いのです。しかし、宗教や政治とは無縁である純粋な文学作品などというものは、近代になって成立した概念にすぎません。

なお、右の中将の歌では、老女がぼんやり見えたのは老女が自分を恋しく思っているためとしており、魂が飛んで来たように述べています。これは『万葉集』の頃の考え方ですね。業平より時代が下る躬恒は、唯識説に基づき、恋しい相手が見えたのは自分の心が造り出したものだとしていたことは、先に見た通りです。日本の古典文学と仏教の関係について考える際は、単に「仏教の影響」などと説くのではなく、どの経典の影響なのか、どの時代のどの系統の仏教の影響なのかを考える必要があるのです。

『源氏物語』の仏教理解

これまで見てきた『古今集』『竹取物語』『伊勢物語』、そして中国の「長恨歌」などを取り込んで壮大な恋物語を描き、『万葉集』以来の仏教と恋を媒介とした心の追求を極限にまで推し進めたのが『源氏物語』です。『源氏物語』については、光源氏が重要な女性の登場人物に出逢うのは、寺や僧侶と関連する場である場合が多いことが知られています。確かに、源氏が若紫、つまり、まだあどけない少女であった紫上《むらさきのうえ》を初めて見かけたのは、源氏が十八歳の春に病気になった際、行者の加持を受けるために訪れた北山にあった僧都の庵でのことでした。

僧都の妹である尼が引き取って育てていたのです。亡き母に似ているため心を惹かれていた義母の藤壺《ふじつぼ》中宮への思いをつのらせるばかりで、前から仏教修行を願っていたものの実現できずにいた源氏は、藤壺に似ている若紫に惚れ込み、盗みとるようにして強引に自邸に連れて来てしまいました。以後も、要所要所で寺や出家者が重要な役割を果たしています。

ただ、『源氏物語』においては、仏教はそのような女性との出逢いの場となっているだけでなく、物語の筋そのものを支えています。なお、『源氏物語』は、物語全体の構想をまとめたうえで現在読まれている巻の順序で書き進めていったものではありません。書いているうちに評判となって次々に新しい巻が書き足されていったため、それぞれの巻の成立順序については諸説がありますが、現存する形について言えば、全体は光輝く美貌の持ち主であった若き源氏が、亡き母に似ている義母の藤壺中宮と関係を持って子を産ませたことがもたらす因果応報の物語になっています。最初に、物語の筋をごく簡単にまとめておきましょう。長編の物語ですのでやや長いです。

桐壺《きりつぼ》帝と身分が高くない桐壺更衣の間に光輝く美貌の男の子が生まれたが、桐壺更衣は出産の二年後に亡くなってしまった。父帝はその子を溺愛したものの親王とはせず、臣籍に下して源氏とした。そして、桐壺更衣によく似ている若い藤壺を女御《にょうご》として迎え、後に中宮とした。源氏は、左大臣の娘である葵上《あおいのうえ》と結婚したが、関係はぎくしゃくしたものだった。源氏は亡き母に似ているという藤壺を思慕するようになった。ただ、なかなか近づけず、悩んでいろいろな女性と関係を持っていた際、北山のある僧都の庵で藤壺に似ているあどけない若紫、すなわち後の紫上を見かけ、強引に自邸に連れて来てしまった。こっそり関係を持った藤壺が出産すると、生まれた子は源氏そっくりであったため、桐壺帝が美しい人は似るものだと喜んでいる姿を見て、源氏も藤壺も「心の鬼」に苦しめられる。源氏が関係していた女性の一人であって教養に富み、プライドの高い寡婦であった六条《ろくじょうの》御息所《みやすんどころ》は、葵上が難産で祈禱を受けていた際、生き霊が葵上にとりついて苦しめたのは六条御息所の生き霊だという噂を聞く。実際、自分の髪や衣に祈禱で用いる芥子《けし》の匂いが染みついていたため、本当にそうかもしれないと思って「心の鬼」に悩まされる。源氏は若紫と枕を交わして夫婦となるが、桐壺帝に代わって異母兄が朱雀《すざく》帝として即位し、状況が変わったうえ、左大臣とその婿である源氏に対抗心を燃やす右大臣が皇太子時代の朱雀帝の妃にしようとしていた明るい娘、朧月夜《おぼろづきよ》とも関係を持ってしまっていた。源氏はさまざまな圧迫を避けるため、都から離れて須磨《すま》に隠棲《いんせい》することにした。そこでは、国司をやめて出家していた明石入道《あかしの》が、娘である明石君を妻とするよう強く望んだ結果、源氏は明石君と結ばれ、明石君は妊娠する。その後、源氏は許されて都に帰り、源氏と藤壺の間に生まれた皇子が冷泉帝《れいぜい》として即位し源氏はめざましい出世をした。

難産で亡くなった葵上が産んだ長子の夕霧《ゆうぎり》が成人すると、夕霧は源氏とは正反対で女性に近づくことができず、源氏の若い頃からの親友である内大臣の娘、雲居雁《くもいのかり》に好意を抱いていたが、大臣に警戒されたうえ、雲居雁の女房に官位が低いと馬鹿にされて憤慨し、自分から遠ざかってしまった。退位した朱雀院は病気になって出家することとなり、行く末が不安な皇女の女三宮《おんなさんのみや》を源氏に託したため、源氏は最愛の妻、紫上のことを気遣いながら女三宮を正妻とした。紫上は、嫉妬していると女房たちに思われないかと、「心の鬼」に悩んだ。ただ、その女三宮は思慮が足りず、内大臣の息子である柏木《かしわぎ》にのぞき見され、密通されて妊娠してしまう。そうして生まれた子を我が子として育てねばならなくなった源氏は、父の桐壺帝も自分と藤壺の関係に気づいていながら素知らぬ顔をしていたのだろうかと考え、「心の鬼」に苦しめられた。柏木も源氏が密通に気づいていることを推察し、「心の鬼」に責められながら死んでゆく。

その柏木と女三宮の間に不義の子として生まれ、芳香を放つ身体を持っていた薫《かおる》は、女性に対しては優柔不断であり、自分の出生について疑問を抱いていたこともあって出家を考えがちだった。そのため、源氏の異母弟であって宇治に隠棲して仏教修行に努めていた八の宮の美しい娘たち、特に姉の大君に心をひかれたものの、関係を持つには至れずにいた。一方、源氏と明石君の間に生まれた娘が、冷泉帝の妃となって産んだ匂宮《におうみや》は、きわめて色好みだった。薫は、大君が出家を考えていて妹の中《なか》の君《きみ》と薫の結婚を望んでいるのを翻意させるため、匂宮が中の君のもとに行けるよう手引きした結果、二人は結ばれる。薫は、大君が病没してからは大君に似ている中の君が慕わしくなり、匂宮に手引きしてしまったことをひどく後悔し続け、大君の異母妹であって大君の生き写しである浮舟《うきふね》に心惹かれるが、浮舟も匂宮に奪われてしまう。薫と匂宮の間で板挟みになった浮舟は、身投げしたような形で行方不明となり、死んだものとされた。薫は浮舟が「心の鬼」によってあれこれ考えて嘆き沈んでいた様子を聞き、世間並みに行動できない我が身を責めた。しかし、浮舟は実は倒れているところを尼に救われ、出家していた。後に薫はそのことを知り、浮舟との再会を望んだものの、浮舟は逢おうとはしなかった。

以上は、複雑な筋のほんの一部です。このように物語全体は不適切な行為とその報いという形になっており、心やましい点がある登場人物たちは、何を見ても「心の鬼」に苦しめられます。つまり、「心の鬼」とは疑心暗鬼のことなのです。この疑心暗鬼という語は、むろん、中国古典にはない仏教由来の言葉であって、これに類した表現が最初に見えるのは、唐代の仏教文献です。梁代の神秘的な居士であった傅大士《ふだいし》（四九七―五六九）の作とされているものの、実際には唐代の偽作である『梁朝傅大士頌金剛経《じゅこんごうきょう》』の末尾に付された「頌遍計《じゅへんげ》」と題する偈では、「縄に迷いて蛇となし、心疑えば闇鬼《あんき》を生ず（縄を誤解して蛇とみなし、心が疑うと闇の中の鬼が生まれる）」と説いています。これが「疑心暗鬼」という言葉の元です。右の偈は、唯識説における認識の深まりを示す三性説《さんしょうせつ》を説明するための譬喩に基づいています。三性説では、蛇と見て恐れるのが現象を誤って分別する遍計所執性《へんげしょしゅうしょう》、蛇と思ったのは縄だと気づくのがものごとは因縁によって存在していると観察する依他起性《えたきしょう》、縄と思ったものも真実のあり方としては麻の繊維にすぎないと正しく理解するのが悟りの境地である円成実性《えんじょうじつしょう》です。

傅大士の偈が「闇鬼」と言っているのは、『五分律』などに見える疑心暗鬼の例によっています。甘やかされて育った少年が幼くして出家したものの、夜に一人で外の便所に行くことができず、いつも師匠がついていってやっていたところ、少年が闇の中の師匠を見て、「毘舎遮《びしゃしゃ》（ピシャーチャ＝食肉鬼）だ、毘舎遮だ」と叫ぶといった事態が度重なったため、釈尊が二十歳以下の出家を禁止したという話です。『五分律』には、色が黒くて目が赤い僧侶が夜に乞食していたところ、ある妊婦が稲妻の光によってその僧を見て、恐れおののいて「毘舎遮だ、毘舎遮だ」と叫んだため、夜に乞食してはいけないと定められたという逸話も載っています。平安時代のほかの作品の用例と違い、『源氏物語』の「心の鬼」は単なる疑心暗鬼ではなく、自分に心やましいことがあるからこそ「自分はこれこれと見られているのではないか」と他人の思わくを過剰に想像し、痛切な苦しみを味わうのが特徴なのです。これは、ヴァスバンドゥ（世親）の『唯識二十論』が説いているように、地獄に落ちた亡者を苦しめる地獄の獄卒を含め、一切の現象は自分の心が生み出したものであることを強調する唯識説が背景にあるためだと思われます。地獄の獄卒は、中国では「獄鬼」とも呼ばれ、地獄絵では次第に恐ろしい鬼の姿として描かれるようになっていきました。日本でも地獄絵は寺などに飾られましたし、平安時代に宮中で年末におこなわれた仏名会では、地獄を描いた屏風が展示されましたので、貴族たちはその恐ろしさに怯《おび》えたことでしょう。

『源氏物語』は比叡山の延暦寺と園城寺《おんじょうじ》（三井寺《みいでら》）を中心とする天台宗の影響に加え、唯識を説き、人々の能力はさまざまであって仏になれない人もいると説く五姓各別説《ごしょうかくべつせつ》を奉ずる法相《ほっそう》宗《しゅう》の影響も受けていました。これは、平安時代に権勢を握っていた藤原氏の氏寺が興福寺であり、その強大な興福寺が法相宗の本拠であったことが大きいですね。宮中や貴族の邸宅での法要や講経には、天台宗や真言宗の僧と並んで法相宗の学僧がしばしば参加しており、貴族たちは女房も含め、唯識説の初歩程度はわきまえていたのです。式部の異母弟と推測される定暹《じょうせん》（九八〇頃―？）は園城寺の林泉坊に住しており、父の藤原為時《ためとき》（九四九頃―一〇二四頃）も晩年に園城寺で出家しているため、式部は天台宗とつながりがあったと推測されていますが、『源氏物語』の暗い人間観と冷徹な心理分析は、すべての人はもともと仏であることを強調していた当時の天台宗の教理では説明がつかないものです。

『源氏物語』の「心の鬼」が逃れがたいものであるのは、自業自得であることを自覚しているからこそです。『万葉集』の箇所で見たように、自業自得の「自」を和語化したのが「心から」「我が心から」でしたが、『源氏物語』は「心づから」という表現も加えてこれらの語をまさに巧みに使っています。たとえば、須磨に下った源氏は、「心づから」のこととはいえ、どうして男女関係でこんな目にあうのかと嘆き、以後も同様の嘆きを重ねているのに対し、意地になって雲居雁から遠ざかった夕霧は「心から」縁遠くしてしまったと嘆き、柏木は「心から」なしてしまった女三宮との不義によって源氏に冷たくされていると嘆き、中の君を匂宮に譲った薫は、匂宮が中の君を大事にしなくなったのを知り、「心から」譲ってしまっただけに申し訳なく思うのです。このように、「心から」の語は、男性に関して言う場合が多く、女性については、朱雀院が女三宮の乳母などに、「心づからの忍びわざ（自分から進んでおこなう隠れた恋）」をして男と関係するほど女の傷となることはないと述べていることが目立ちます。これに対して、女性たちについて言われることが多いのが「宿世《すくせ》」です。宿世とは前世のことですが、実際にはこの世での報いをもたらす前世の業を指します。つまり、多少の例外はあるものの、『源氏物語』は基本としては、男は「心から」行動してその結果に悩み、女は「宿世」に流されて思うように生きられずに苦しむのであって、男女のどちらも男女関係に関して「心の鬼」に苦しめられる、という構図になっているのです。

従来の注釈では、「心から」を「本心から」などと説明していることが多いのですが、『源氏物語』が「心から」や「心づから」などの語を意識して自業自得の意味で用いていることは、柏木巻における柏木の述懐がよく示しています。源氏の冷たい目に耐えきれなくなり、病となって死にそうになった柏木は、次のように思いを述べます。

我よりほかに、誰かはつらき。心づからもてそこなひつるにこそあめれと思ふに、うらむべき人もなし。……かく人にも少しうち偲《しの》ばれぬべきほどにて、なげのあはれをもかけ給ふ人のあらむをこそは、一つ思ひに燃えぬるしるしにはせめ。

【訳】自分以外に誰を恨もうか。自分で好き好んで過ちをおかしてしまっただけだと思うと、恨むべき人もない。……こうして少しでも懐かしく思い出してもらえるであろううちに亡くなり、かりそめにせよ憐《あわ》れみをかけてくださる人がいらっしゃることこそを、ひと筋の思いに燃えつきてしまった証しにしよう。

つまり、こうなったのはすべて自分のせいなのであり、この時期に死んだなら、女三宮も自分が恋情のために死んだことを理解し、おざなりではあってもあわれと思ってくれるだろうから、それを恋死にした証拠としよう、というのです。「一つ思ひに燃えぬる」とは、『古今集』恋歌一の詠み人知らずの歌、「夏虫の身をいたづらになすことも一つ思ひによりてなりけり（夏の蛾が、火に近づいて我が身を空しくしてしまうことも、私が恋死にするのと同様、ひと筋に思いつめてのことだったのです）」によっています。自業自得の例とされる蛾の譬喩であり、ここでも「思ひ」の「ひ」に身を焼く「火」が掛けられ、気づきの「けり」が使われていますね。

『源氏物語』で特に注目すべきなのは、無常に対する関心の深さです。「無常」を訓読した「常なし」やその類語は、『万葉集』ではあまり使われておらず、例外は大伴家持であったことは先に触れました。この傾向は平安時代になっても続いており、『古今集』から『拾遺集』までの勅撰和歌集には無常を意味する「常なし」は四首、類似表現も三首にしか見えず、『竹取物語』『伊勢物語』『大和物語』『平中《へいちゅう》物語』『うつほ物語』『落窪《おちくぼ》物語』『土佐日記』『蜻蛉《かげろう》日記』『枕草子』『和泉式部日記』では、『うつほ物語』の末尾の二巻に「常なし」が二例と「常ならず」が一例見えるのみです。これに対して、『源氏物語』は「常なし」とその活用形が二十九例、「常なさ」が四例、「常ならず」などの形が五例、合わせて三十八例が見られ、異様な多さとなっていることが指摘されています。『紫式部日記』でも、式部の内省を示す重要な箇所で一度用いられています。

特に重要なのは、「常なさ」という名詞です。というのは、インド仏教のうち、パーリ語となって残っている初期の文献では「〜は nicca（常住：サンスクリット語では nitya）ではない」という言い方がなされ、次に「常住でない」ことを一語で示す anicca という語（サンスクリット語では anitya）が使われ、さらに「常住な存在はない」ことが強調されるようになり、その結果、aniccatā（無常たること、サンスクリット語では anityatā）という抽象名詞が作られるようになりました。つまり、無常のとらえ方が時代とともに進んでいったのであって、そうした抽象名詞である「常なさ」という語を『源氏物語』が使っているのです。「常なさ」の語は『源氏物語』以前から僧侶の説法などで使われていたと思われますが、ほかの文学作品には見えず、「常なし」の語を異様に多く使っている『源氏物語』が用いていることが重要です。さらに注目されるのは、須磨の巻では源氏について「世の常なさ思ひ知られて」と記され、総角《あげまき》の巻では、宇治の姉の大君が世間のことを「常なきものに思ひ知りたまへる」ようなのを知り、薫が自分の心に似ていると思うという形で、「常なさ」「常なき」の語が、遍昭の歌で見た「念知」の和語化である「思ひ知る」と組み合わされていることです。『源氏物語』の作者がいかに仏教に通じており、どれほど自分なりに無常の問題をつきつめていたかが知られますね。当然ながら、『源氏物語』では、無常なればこそ恋ごころがつのってならない、といった歌は詠まれません。

このように、『源氏物語』は仏教に関する知識と、それを我が身に当てはめての洞察が優れているため、恋物語が深い内省に基づく心理小説となっているのです。ただ、『源氏物語』の仏教利用はそうした重苦しい面ばかりではありません。身分の高い女性が侍女などに朗読させたり、教養のある女性が自ら読むことなどを予想して書かれているため、飽きさせないように知的な遊び、あるいは滑稽な場面がしばしばはさみ込まれており、そこでも仏教の素材を利用している場合があるのです。たとえば、帚木《ははきぎ》の巻の「雨の夜の品定め」がその一例です。十七歳の源氏が義母の藤壺を思慕して悩んでいた頃、梅雨の雨が続くある夜、宮中の宿直所《とのいどころ》に詰めていた際、色好みの若い殿上人たちが自分が知っているいろいろな階層の女について語り合う場面ですね。源氏の妻である葵上の兄であり、源氏の親友かつライバルでもあった頭中将《とうのちゅうじょう》が、中級の階層である受領《ずりょう》クラスの女の特徴について語った後、左馬頭《さまのかみ》も、怒って左馬頭の指を噛《か》んだ女、浮気な女など自分の体験談を語ります。続いて頭中将も内気な女の思い出を語ると、式部丞《しきぶのじょう》が漢学の博士の娘で漢文くさい珍妙なしゃべり方をする女の話をして皆なに呆《あき》れられます。そこで、左馬頭が女性論のまとめをし、欠点がない女などいないのだから、要するにほどほどに控え目な女がよいのだと結論づけます。源氏は、そうした話を聞きながら、「足らず、またさし過ぎたることなくものしたまひけるかな（足りない点もなく、いきすぎた点もなくていらっしゃる）」と藤壺のことだけを思い、何も語らずにいたと記されています。

これは、『維摩経』の「入不二法門品《にゅうふにほうもんぼん》」の設定を利用したものです。維摩の邸宅を訪れた菩薩たちに対し、維摩は「不二法門」、すなわち、二（異）なのか一（同）なのかといった二元対立を離れた境地にどのようにして入ればよいかを尋ねます。すると、多くの菩薩たちがそれぞれ自分の考えを披露しますが、いずれも不十分なので、維摩は智恵で知られる文殊菩薩にどう考えるか尋ねます。すると、文殊は、「一切の法は言説を離れており、示すこともなく識別することもなく、さまざまな問答を離れている。これが不二法門に入るということです」と答えます。そして、文殊が維摩にどう考えるか尋ねると、維摩は無言のままでした。文殊は感嘆し、「是れ真に不二法門に入るなり」と賞賛します。文殊は、真理は言葉を離れていることについてあれこれしゃべってしまったのに対し、維摩は、言葉を離れた不二法門を体現していることを沈黙という形で示したのです。殿上人たちは、さまざまな種類の女に対する自分の知識を誇ってあれこれ語り、欠点がない女などはいないと結論づけたのですが、まさに欠点がない理想的な女性である藤壺という女性を知っている源氏は、あえて維摩のように沈黙し続けたのです。

『維摩経』は、興福寺が伝統的に尊重してきた経典であり、興福寺における最も重要で大がかりな儀式は、『維摩経』を講義し、その後でさまざまな芸能が披露されていた維摩会《ゆいまえ》でした。

藤原氏の長者であった道長は、維摩会を聴聞するために多くの公家や女房たちを引き連れて奈良までおもむいたことがあるうえ、『維摩経』の内容を和歌に詠む催しもなされており、当時を代表する文人であった藤原公任《きんとう》（九六六―一〇四一）、そして中宮彰子《しょうし》に仕える紫式部の女房仲間で知的な歌人として知られた赤染衛門《あかぞめえもん》（九五六？―一〇四一）も、『維摩経』「方便品」が無常の譬喩としてあげる聚沫《じゅまつ》、泡、炎、芭蕉《ばしょう》、幻、夢、影、響、浮雲、雷という十喩について、それぞれ和歌を詠んでいます。

また、自業自得とはいえ、人妻である空蟬《うつせみ》に逃げられて源氏が嘆き、さらに思いがけないことながら夕顔に死なれるなどのつらい目にあう巻が続いたところで、気分転換用の巻として書かれたのかと思われる末摘花《すえつむはな》の巻も、仏教を遊びに用いた一例です。源氏は、常陸《ひたち》の宮が亡くなった後、荒れ果ててしまった邸に乳母に守られて住み続けている姫君の噂を聞いて興味を持ち、ついに契りを交わしたものの、いろいろ不審に思われることが多かったため、雪が積もった朝に末摘花を見てみると、鼻が象のように長くて赤いのをはじめとして、きわめて珍しい容貌であったうえ、振る舞いもあまりにも古風だったので呆れ、それきりになってしまいます。

ただ、後に源氏が須磨・明石から都に戻って来ると、出家して僧になっていた末摘花の兄が源氏の姿を見て、「仏、菩薩の変化の身」のようだったと末摘花に告げます。源氏がたまたま末摘花の家の前を通りかかると、末摘花はより困窮しておりながら源氏を待ち続けていたため、源氏は感動し、末永く庇護《ひご》することを誓います。これは、面白い説話を集めていて広く読まれた『賢愚経』などに見える「金剛醜女」と呼ばれる仏教説話を利用したものです。こんな話です。

波斯匿王《はしのくおう》の娘、波闍羅《はじゃら》(ヴァジラ=金剛)は、前世で悟りを得た修行者を供養した功徳によって王家に生まれたが、聖者の容貌の醜さをさげすんだため、自分も動物のような醜い姿に生まれた。王はほかの人に顔を見せずに育て、年頃になると旧家の生まれで貧しい青年を探し、大臣にすると約束して結婚させた。大臣は王が建ててやった宮に妻を幽閉したが、仲間たちに妻を披露せざるを得なくなったため、波闍羅は困りきって仏に救いを求めた。仏は、波闍羅の心が誠実で敬虔《けいけん》であることを知り、すぐ波闍羅のもとに現れて彼女を美しい姿に変えた。驚いた大臣が父王にそのことを知らせ、皆で仏のもとにおもむくと、仏は波闍羅の前世の振る舞いを語った。

容貌についてあれこれ言って軽んじてはならないという教訓話です。末摘花は、王族の娘であって、容貌が動物にたとえられるほど醜く、外の人に姿を見せず、乳母に守られて育ったことが共通しており、源氏が「仏・菩薩の変化」のようだとされたことも、仏が神秘的な形で出現する「金剛醜女」の話と一致しています。「金剛醜女」の話は中国でも日本でも人気があったようで、『源氏物語』以外に、『今昔物語集』その他の説話集にも収録されています。

末摘花の話よりもっと面白いのは、末摘花の巻の次に置かれている紅葉賀《もみじのが》の巻に見える好色な老女、源典侍《げんのないしのすけ》の一件が、顔之推《がんしすい》（五三一―五九一）が書いた因果応報譚である『冤魂志《えんこんし》』中の「王範妾《おうはんしょう》（孫元弼《そんげんひつ》）」という話に基づいているのでしょう。顔之推は、中国の六朝時代の後期から隋代にかけて活躍した仏教信仰の文人学者です。その顔之推が一族の者たちのために書いた教訓書である『顔氏家訓《がんしかくん》』は、奈良時代には日本にもたらされており、官人必読の教訓集となっていました。漢詩文に通じていた紫式部はこの書に親しんでいたようで、『源氏物語』でも物語論や書道論その他の箇所で利用しています。「王範妾」は、こんな内容です。

晋の時代の県知事であった王範のきわめて美しい妾、桃英が王範の部下である丁豊・史華期の二人と密通していた。役人の監督であった孫元弼は、丁豊の部屋から女性の帯につける飾り玉の音が聞こえたため、のぞいてみると丁豊と桃英が同衾《どうきん》していた。孫元弼が戸を叩《たた》いて「こら！」と怒鳴ると、桃英は「裙《くん》（袴）をとり、鬢《まげ》を理《ととの》えて」あわてて自室に戻って行った。孫元弼はまた史華期から桃英が身につけていた麝香《じゃこう》の香りがするのに気づいた。丁豊と史華期は密通がばれないよう陳超という男に相談し、陳超の悪巧みに従って孫元弼を無実の罪で訴えたため、王範は孫元弼を殺してしまった。王範が任期を終えて都に戻り、陳超も後から都に向かったところ、山のふもとまで来ると雷雨となって日が暮れた。すると、稲妻の光に照らされて顔がどす黒くて目に瞳がない鬼が現れ、自分は孫元弼だと名乗り、関係した者たちはすべて死ぬのだと告げた。陳超が都に着くと、王範は鬼によってひどくうなされて死に、桃英も突然、死んだ。陳超は逃げ出して寺に入り、名も改めた。五年たって、三月三日に水辺での酒宴がたけなわになった際、陳超は「もうあの鬼など恐れなくてよい」と言って顔を水に近づけると、水面下に鬼がいるのが見えた。陳超は鬼に撃たれ、鼻血をひどく流して数日後に死んだ。

陳超が雷雨の中で見た鬼の顔が黒かったという点は、先に見た『五分律』中の妊婦が色の黒い僧を稲妻の光で見て鬼と思って恐れおののいた話に似ていますね。この「王範妾」の話の前半を利用した源典侍の事件は、以下の通りです。

源典侍という色好みで有名な五十七、八歳の女房が、源氏に寂しさを訴える歌を詠いかけたため、源氏は戯れに相手をしてもよいかと思う。これを知った頭中将は、源氏が真面目くさっているのをとっちめてやろうと考え、源氏が源典侍と情を交わして寝入った様子を見計らって部屋に入ると、源氏は源典侍の元の男が訪ねて来たものと思い、直衣《のうし》だけを手にして屏風の裏に隠れた。中将は面白がって、側により、ばたばたと音を立てて屏風を畳んだため、典侍は中将にとりすがった。源氏は、こっそり逃げ出したかったが、しどけない姿で、冠などをゆがめて逃げ出すのは、ひどくみっともないと思ってためらっていると、中将は怒ったふりをして太刀を抜いたため、典侍は中将の前に回って「あが君、あが君」と手をすり合わせた。中将は、滑稽な姿がおかしくてたまらなかったが、源氏も中将だと気づき、直衣を着ようとしたものの、中将が直衣をつかんで放さず、それならということで源氏が中将の直衣を脱がせようとして争った結果、直衣がほころんでしまい、二人ともしどけない姿になって帰って行った。

ふざけた描写ですね。若くて美しい桃英と老齢の源典侍とでは大変な違いですが、源氏が不適切な相手と寝ているところを発見され、あわてて服を手にし、冠が傾いたまま逃げ出そうとするところは、桃英の姿そのままです。また、美青年が好色な老女と寝てやるという点は、先に見た『伊勢物語』のつくも髪の段の変型でもあるでしょう。

いずれにせよ、『源氏物語』は、因果応報を説く「王範妾」を利用し、滑稽な場面を描いていたのです。仏教文献を遊びに用いる点は、『古今集』以来のものですね。ただ、『源氏物語』はほかに例がないほど無常を痛切に受けとめ、仏教の教理を利用し、さまざまな恋を通じて人間の心を深く追求しているものの、仏教の教訓を説くお説教小説ではありません。肝心の源氏にしても、若い頃から出家して修行したいと語っておりながら、あれこれ口実をつけてなかなか出家しませんし、最愛の妻である紫上が出家したいとどれほど頼んでも許しません。これは、『紫式部日記』において、式部が世の憂さを嘆き、出家したいと盛んに述べたうえで、出家がためらわれることについて長々と弁明を書いていたことと対応しています。また、『源氏物語』は、仏教を尊重しておりながら、現実の僧侶たちについては、嫉妬深い者が多いなどと厳しい批判をしていました。『源氏物語』と仏教の関係は、なかなか複雑なのです。

僧侶と美しい稚児の悲恋

日本では、南北朝期から戦国時代にかけて寺院を中心として少年愛が大流行し、僧侶と稚児の恋を描いた物語が多数作られました。そうした物語では、稚児は不幸な死に方をすることが多く、実は僧を導くための菩薩の化身だったとされる作品が目立ちます。たとえば、興福寺の『稚児観音縁起』は題名が示すように稚児は観音の化身、比叡山・日光山・高野山と舞台が移る『幻夢物語』では文殊の化身、日光山の『弁の草紙』では鹿島みかくれ明神の化身とされています。こうした稚児物語で文章が優れているものは、優美な絵巻に仕立てられることも多く、宮中、上流貴族、大寺の上級僧侶などによって鑑賞されました。少年愛の対象とされる稚児が菩薩や神の化身とされることについては、近年では僧侶たちが自分の少年愛志向を都合よく正当化したものとする批判もなされています。そうした面もあったことは事実ですが、現代の視点ですべて割り切ってしまうと、仏教の世界観が支配していて性愛も仏教の枠内で受けとめるほかなかった時代の人々の心情を見落とすことになるでしょう。

こうした稚児物語の代表作は、南北朝後期の作と推定されている『秋夜長物語《あきのよのながものがたり》』です。「それ春の花の樹頭にのぼるは、上求菩提《じょうぐぼだい》の機を勧め、秋の月の水底に下るは、下化衆生《げけしゅじょう》の相をあらはす（そもそも、春の花が樹の上の部分に咲くのは、悟りを求める能力のある者たちに向上を勧めるためであり、秋の月が水の底にまで下って映るのは、汚れた世間にまで降りて行って人々を教化する様子を示している）」という名調子で始まるこの物語は、比叡山の僧兵が三井寺にいた絶世の美少年を恋する話です。この時代は、天台本覚論、つまり、人はそのままで仏であり、自然界の草木もそのまま仏なのだとする説が定着していましたので、少年愛の物語が草木成仏《そうもくじょうぶつ》の教義と重ねられており、登場人物の名はすべて植物に関係する名になっています。こんな話です。

比叡山の東塔にいた桂海律師は文武両道ではあったが、修行に励もうという気持がどうしても起きず、仏菩薩に頼るしかないと考え、石山寺の観音に祈願に行った。七日目に見た夢に美しい稚児が桜の花のような姿で出てきたため、願いがかなう証拠と喜んで比叡山に帰ったものの、その少年が恋しく思われるばかりだった。そこで、石山寺の観音に苦情を言おうとして三井寺まで来たところ、夢の中で見た美しい稚児が桜の枝を折りとる様子を見て夢中になり、離れることができなくなった。桂海は、その稚児の召使いである桂寿から稚児は梅若という少年だと聞き、和歌をやりとりして親しくなった結果、一夜をともにすることができた。ただ、桂海が比叡山に戻って以来、なかなか逢えないため、我慢できなくなった梅若が比叡山へと出かけると、途中で天狗たちにさらわれ、吉野の大峰の洞窟に閉じ込められてしまう。三井寺では、寺のアイドルであった梅若が比叡山の僧にかどわかされたと怒り、この際だから対立してきた比叡山と戦おうという騒ぎとなった。梅若の父である花園左大臣が手引きしたものと見て、その邸におしかけて燃やしたところ、比叡山から桂海を先頭として十万の軍勢が押し寄せ、三井寺の僧兵たちは打ち破られ、寺の守護神である新羅《しんら》明神の社以外の建物はすべて燃やされてしまった。その話を洞窟の中で聞いた梅若は、龍神のおかげで空を飛んで帰ることができたが、寺の焼け跡を見て自分の責任だと我が身を責め、桂海にあてて自殺を暗示する和歌を送り、橋から川へ身を投げてしまう。あわててやって来た桂海は、紅梅の小袖を着て川に浮かんでいる梅若を発見して嘆き悲しみ、以後、遺骨を首にかけて各地を修行してまわる身となった。三井寺の僧たちが寺を守らなかった新羅明神を問い詰めると、明神は「私は仏法を守る神であって、寺を守る神ではない」と答えた。そして、「今回の事件によって、桂海が本当の道心を発したことが何よりも嬉しい。梅若は実は石山寺の観音の化身なのだ」と告げたため、三井寺の僧侶たちも発心するに至った。桂海は、修行を重ねて瞻西《せんさい》上人と呼ばれる立派な僧侶となり、人々に浄土信仰を勧め、自らも往生をとげた。

以上です。この物語は平安時代の物語を受け継いでおり、この手の稚児物語の中で文章が最も上品です。宮中から借り出されたり、天皇が書のうまい大臣に命じて書写させたりした記録が残っていますので、上級貴族出身の僧によって書かれ、上級貴族たちの間で愛読されたことが知られます。優美な絵巻も残されており、絵巻として楽しむのが本来の姿であったようです。

この話で注目されるのは、主人公は桂海と梅若、梅若の召使いは桂寿、梅若の父は花園左大臣であることが示すように、主要な登場人物の名はすべて植物の名を含んでおり、その化身のようになっていることです。梅若が雨の中で桜の花の枝を折り取るところは、桜の樹の精のようですし、紅梅の小袖を着て川に身投げした梅若は、川に流れた紅葉が岩にせきとめられているような姿で発見されます。つまり、登場人物が植物と一体化しているのであって、特に花のように美しい梅若は観音の化現なのですから、花の精であると同時に菩薩の化身なのです。インド仏教では、草木は感覚はあるものの心はないとされていました。中国仏教では、すべては心が生み出したものであるため、悟って仏となった人の目に見える草木は悟った存在とされましたが、日本では、草木が芽を出し、葉をつけ、花を咲かせ、実をならせるのは、発心し、修行し、悟って仏果を得る過程にほかならないとする草木成仏説が盛んになりました。その説が極端に進んだ『三十四箇事書《さんじゆうしかのことがき》』では、草木はもともと仏なのだから、改めて修行して仏になることはない、として草木成仏を否定するにまで至っています。『秋夜長物語』は、そうした時代思潮の中で、また少年愛の流行の中で、『源氏物語』などの影響を受けて作成された僧侶文学の一つなのです。

『秋夜長物語』と並び称される稚児物語の代表は『あしびき』です。ただ、本作は、比叡山で学問に励んでいた僧侶が、奈良の僧侶の子であって東南院の弟子となっていた稚児を月夜に白河あたりで見そめ、契りを交わしたことがきっかけで比叡山と南都の争いとなったものの、後に二人は修行仲間となったという内容であり、『秋夜長物語』と似た面が多いため、ここでは

『幻夢物語』を取り上げることにしましょう。文明十七年（一四八五）以前に書かれた室町物語である本作の特徴は、『平家物語』と同様に法然（一一三三―一二一二）の浄土思想の影響が強いことです。比叡山、日光山、高野山の三部に分かれる内容は次の通りです。

都の大原で修行していた幻夢は、しばしば比叡山に参詣し、菩提を求める心が起きるよう祈っていた。その幻夢は、日光の武士の子であって天台宗である日光山の竹林坊に入り、受戒のために比叡山を訪れていた稚児の花松に出会い、二人で連歌を詠んだ。翌日、もう一度、連歌を詠み交わす約束をしたものの、花松は東国に出発してしまった。幻夢は花松のことが忘れられず、翌年、日光におもむいて山中の堂に宿ると、笛を吹きながら現れた花松と再会することができた。その住坊に案内され、約束通りに連歌を交わしたところ、花松は無常の句を詠んだところで太刀を持って姿を消した。翌朝、幻夢は花松の師の僧から、花松が父の敵討ちを果たしたものの、自分も討ち死にして七日目になると知らされ、自分が出逢ったのはその幽霊だったことを知った。無常を悟り、高野山にのぼって隠棲し、法然の教えに基づいて浄土信仰に努めるようになった幻夢は、花松の命日に、奥の院で若い僧に逢い、懺悔話をするうちに、その僧は、父を切り殺した花松を討ち、それをきっかけとして遁世《とんせい》した武士だったことが分かった。幻夢もその僧に花松との因縁を語り、ともに修行して往生をとげた。

花松への思いが強かったのですから、幻夢は花松を殺して出家した僧を討ち果たしてもよさそうなものですが、そうはしていません。この点は、法然の父であった美作《みまさか》の押領使、漆間《うるま》時国（?—一一四一）が、対立していた武士に夜討ちをかけられて切られたものの、駆けつけた九歳の息子が復讐《ふくしゆう》を誓うと、争わずに出家して菩提を弔ってくれるよう言い残して亡くなったことに似ていますね。実際、主人公の名は異本では「源夢《げんむ》」となっているうえ、早い時期に「源夢発心絵」という絵巻が存在したこと、また、法然の弟子たちの中には師の僧名である源空から「源」の字をとって法名とした者たちがいたことから見て、幻夢は源夢が本来の名であって法然の信者であったことが推測されています。

なお、『秋夜長物語』では二人は和歌を送り合ったとしていたのに対し、『幻夢物語』では、連歌流行の時代ですので、二人で連歌を詠んだとなっています。これは和歌のうちの五七五の長句と七七の短句を二人で交互に詠むもので、短連歌と呼ばれるものです。連歌は次第に参加する人が増え、また和歌の三十六歌仙にちなんだ三十六句、四十四句、あるいは百句並べる百韻などの長連歌が流行するようになりました。その結果、二条良基《よしもと》（一三二〇—一三八八）が応安五年（一三七二）に定めた「応安新式」を代表として、式目と称される決まりがいろいろ定められるようになります。さらに後代になると、三十六句の歌仙の場合は恋の句は必ず詠むものとされ、それも二箇所ほど出し、恋の句が出たら最低でも二句は続けると定められるようになりました。また、初めの発句では季節を詠み、初表《しょおもて》と呼ばれる最初の六句では神祇《じんぎ》・釈教（仏教）・恋・無常・懐旧・軍事・怪奇・病気などには触れないとされるに至りますが、初表以後で無常に触れた句が詠まれることが通例です。つまり、連歌は、恋の句を必ず複数詠み、無常ないしそれに近い事柄を詠み、意外な展開を楽しむという点で、まさに、恋と無常と遊びごころを含んだ文学ジャンルということになるのです。

世界には多様な文学が存在し、詩における韻の踏み方などに関しては細かい規則がある場合も少なくありませんが、必ず恋を詠むといった決まりを有する文学ジャンルというのは、聞いたことがありません。職業的な連歌師には時宗の僧侶、あるいは完全な出家生活はしないものの僧形となった者が多かったことも、連歌には仏教色が強い作品が多くなった一因でしょう。ただ、発句では必ず季節を詠み、初表では仏教や無常に関する言葉は避けるということは、仏教は最も重要な要素ではなくなり、春の花、秋の月といった風流な自然が何よりも優先され、仏教はしんみりした情緒をもたらす一風景となったということでもあります。連歌は、当初は亡くなった人の追善のためにおこなわれることも多く、神仏に奉納するための法楽連歌がおこなわれるなどしたため、仏教色が強かったのですが、次第に変わっていったのです。江戸時代になって優美でない日常の言葉も用い、遊戯性が強くなった俳諧《はいかい》連歌が流行するようになると、その傾向はさらに強まっていきました。

なお、『秋夜長物語』の主人公は天台宗の僧、『幻夢物語』の主人公は天台宗から法然の浄土教に転じ、高野山で隠棲して信仰に励んだ僧でした。また、法相宗の興福寺をはじめ、南都の寺でも稚児は愛玩《あいがん》され、法会などでは花形として舞うなど、寺のアイドルのような活躍をしていました。そうである以上、室町時代から戦国時代にかけて禅宗が盛んになれば、禅宗でも少年愛が流行し、そうした文学が登場するであろうことは容易に想像できますね。実際、室町時代には格式の高い禅宗の寺では、喝食《かつしき》と呼ばれる稚児と禅僧とが愛し合い、七夕に花を送り、漢詩のやりとりをするなどの風習もありました。京都における臨済宗の格式の高い五つの禅寺を五山と呼びますが、その五山の禅僧たちの漢詩を集めた『翰林五鳳集《かんりんごほうしゅう》』の恋部には、横川《おうせん》景三《けいさん》（一四二九—一四九三）が恋人の少年に送った艶詞や、建仁寺の三益永因《さんえきえいいん》（?—一五二一頃）の艶詞などが収録されています。艶詞とは漢文の恋文のことです。そう言えば、森女《しんじょ》と呼ばれる盲目の女性を愛し、二人の交情を露骨な言葉で表現する漢詩を作ったことで知られる自由闊達な禅僧、一休宗純（一三九四―一四八一）も、美少年を称えた漢詩を残しています。

能・狂言の恋物語と仏教

稚児物語について紹介した際、連歌の標準となる式目を定めた二条良基に触れました。摂政・関白・太政大臣を務め、その時代を代表する文人であった良基は、風流な趣味人としても第一流であって、『源氏物語』などを手本とした恋文のマニュアルである『思露《おもひのつゆ》』の作者でもありました。この書には、男が送る場合だけでなく、女の返事の書き方までしるされています。その良基の作と推測されている「良基消息詞」では、「先日見た藤若という美少年をもう一度連れて来ていただきたい。その日は一日中、心ここにあらずというようになってしまいました。専門の芸能はもちろんのこと、連歌や蹴鞠《けまり》まで巧みなのは、ただ者とは思われません。将軍様が賞翫《しょうがん》なさるのももっともと思われます。私は枯木のようになった身ですが、どこにこのように浮き浮きする心の花が残っていたかと、自分でも不思議に思われます。この手紙はすぐ燃やしてください」と書いています。「将軍様」とは、足利義満（一三五八―一四〇八）であり、絶世の美少年だという藤若は、もともとは滑稽な面が強いものまね芝居であった猿楽を芸術的な歌舞に高め、世界にも類がない高度な演劇論を書いた世阿弥《ぜあみ》元清（一三六三?—一四四三?）の若き日の姿です。

芝居と舞の天才であった観阿弥《かんあみ》清次（一三三三—一三八四）の子として生まれた世阿弥は、義満に庇護され、文人や僧たちと交流するなかで次々に新しい作品を作り、演じていきました。型式の面でも夢幻能と呼ばれる形を工夫したとされます。それは、僧侶の場合が多いのですが、旅人が名所旧跡を訪れると、里人が現れてこの地の有名な物語を話して聞かせ、実は私はその物語の主人公の某《なにがし》であると告げて消え失《う》せた後、その某の姿で現れ、昔のことを語り舞うなどし、消えていって夜が明ける、という構造の能です。主人公は当時の思いを吐露することによって執念が消えることになっており、実はそれらは旅人の見た夢であったとされるため、この形式の能は夢幻能と呼ばれています。すべては旅人の夢であったことが明確に示される例は多くないため、最近は夢幻能という呼び方が適切かどうかという議論も起きていますが、世阿弥が属していたのは一切の現象は心が生み出したものとする唯識思想を奉ずる法相宗の本拠、興福寺でした。唯識説は常識となっていたため、わざわざ言い立てる必要はなかったのでしょう。また、『伊勢物語』を扱った際に見たように、『伊勢物語』では「夢かうつつか」を無理に区別するのは世間の人の分別にすぎないことが説かれていました。

そこで、ここでは、世阿弥の作のうち、『伊勢物語』の話を題材とし、主人公が現れて昔語りをしたと思ったのは、旅の僧の夢にすぎなかったことが明確に説かれている「井筒」を見てみましょう。元となった『伊勢物語』二十三段の筒井筒の筋は次の通りです。筒井筒とは筒状に掘った井戸のことで、井筒は井戸の周りに立てた囲いのことです。

昔、幼なじみの男の子と女の子が、互いに好意を抱き、結婚の相手と思い定めていた。少年が「筒井筒　井筒にかけしまろがたけ　過ぎにけらしな　妹《いも》見ざるまに（筒井筒の井筒の高さをめざした私の背丈は、あなたを見ないうちに井筒より高くなってしまった）」という求愛の歌を送ると、少女は、「比べこし　振り分け髪も　肩過ぎぬ　君ならずして　たれかあぐべき（あなたの髪と比べっこした私の髪は肩を超えました、あなた以外の誰のために髪上げしましょうか）」という歌で答え、望み通りに結ばれた。女の親が亡くなって生活が苦しくなった結果、男は河内《かわち》の高安の新しい女のもとに通うようになったが、女は嫌な顔をせずに送り出していたため、男は他の男を思っているのではないかと疑いを持った。そこで、河内に行ったふりをして庭の植え込みに隠れていると、女はきちんと化粧して思いにふけり、「風吹けば　沖つしら波　たつた山　よはにや君が　ひとり越ゆらむ（風が吹けば沖の白波がたつというその「たつ」という名の竜田山を、夜中にあなたは一人越えるのだろうか）」と夫を心配する歌を詠った。男はその歌を聞き、このうえなくいとおしくなって河内に行かなくなった。

この話に基づいて作られた世阿弥の「井筒」は、舞台で演じられる台本ですので、その点を少し配慮しつつ筋立てをまとめると、以下の通りです。

僧が舞台に出て来て諸国を旅していると語り、この地の寺について地元の人に尋ねたところ、在原寺だと言われたが、それは在原業平が紀有常の娘と結婚して住んだ地であるため、業平夫婦を弔おうと思うと述べ、舞台の脇に着座する。すると、女が登場し、井戸から水を汲んで花をいける水とし、横の塚に手向けているため、僧は女にどういう人なのか尋ねた。女は、自分はこの付近に住む者で、この寺を建立した業平の塚に花と水を手向けて弔っているのだ、と答えた。僧が業平と縁のある人なのかと尋ね、詳しく話してくれるよう頼んだところ、女は「筒井筒」の内容を語った。僧がそんな古い物語を詳しく知っているとは不審だとし、本当の名を名乗るよう求めると、女は自分は紀有常の娘であって、恥ずかしながら井筒の女だと語り、消えていった。僧は夜がふけたため夢を見ようとして横になる。すると、業平の形見の衣を着た女が登場して舞いを舞い、舞台に控えていた地《じ》謡《うたい》たちとの掛け合いで「筒井筒、井筒にかけし」の歌を謡《うた》う。女は、舞台に据えられた井筒をのぞきこみ、「見ればなつかしや」と語って業平を思慕するうちに、男でもなく女でもなくなり、業平と一体となった様子を示す。地謡は、寺の鐘が鳴って夜が明け、古い寺に松風が吹いていたと謡い、芭蕉葉のような夢もさめたことだった、と謡ってしめくくる。

舞台では、こうした内容が『伊勢物語』の名文句と『古今集』以上に多い掛詞と縁語を散りばめた美文で語られていきます。芭蕉葉の夢とは、『列子』「周穆王篇《ぼくおう》」に見える故事であって、中国の春秋時代に、鄭《てい》の国の人が狩りで鹿を得て芭蕉の葉を被せて隠したものの、隠し場所を忘れてしまったため、鹿を得たのは夢だったかもしれないと考えて諦めたという話に基づきます。成功したと思ってもそれははかないものだった、というたとえです。また、仏教では、芭蕉の樹は厚い葉が巻き重なっているだけで固い芯がないため、壊れやすいものの代表とされており、無常の例としてよくあげられます。ですから、ここでは中国の故事と仏教の譬喩を重ねた使い方をしていることになります。

『伊勢物語』の筒井筒の段は仏教とは関係ありませんでした。しかし、これまで見てきて分かるように、世阿弥の「井筒」は、僧侶が在原寺にやって来て、井筒の女が少年であった業平との恋を物語るのを聞いたが、夜が明けてみるとそれは僧の夢だったとされており、徹底的に仏教によって彩られています。仏教が背景となれば、少女の純真な恋ごころも、結婚した後に別の女のところに夜中に出かけて行く夫の身を心配する心も、執着の一つとされることになります。世阿弥は井筒の女の思いに共感を示しており、それは執着だと批判してお説教するようなことはしていませんが、女の幽霊が登場するというのは、ひたむきな思慕であるにせよ思いが残っている証拠であるため、その幽霊に思いを存分に述べさせてやると執念が晴れることになるのです。僧がそうした夢を見たのは、僧が業平夫妻に関心を持ち、ゆかりの地に来ていればこそでした。これもある意味では、ゆかりの地という縁を得て、「心から」見た夢ということになります。

次に、「恋」が曲名になっている世阿弥の「恋重荷」を取り上げましょう。こんな話です。

白河院に仕える臣下が登場し、以下のように語った。院は菊を好んでいて庭を菊だらけにしており、山科《やましな》の荘司という老人がその世話をしているが、その老人がたまたま白河院の女御を見かけて恋してしまった。女御は、このことを聞いて、恋については身分の上下を区別しないのが習慣であり、思い通りにかなわないから恋というと語り、その老人にこの荷物を持たせよと命じる。それは、重い岩を綾《あや》などの豪華な布でつつんで「恋の重荷」と名づけたものであって、これを持って庭を百度千度と行き来したなら、女御の姿をもう一度拝ませてやることにしたのだ。臣下は老人を呼び出し、その旨を告げると、老人は命を捨てる覚悟でいどんだが、どうやっても持ち上がらないため、嘆いて恋死にしてしまった。この重荷は、実は老人の恋の心をとどめる「方便」として作ったものだった。臣下が老人の執念が恐ろしいため、姿を見せてやってくださるよう女御に頼むと、女御は庭先まで出てきて、老人の心を不憫に思うと語った。そして、立とうとしたが、重い石に押さえつけられているようで立つことができない。すると、老人の霊が登場し、女御に衆合《しゅごう》地獄の苦しみを味わって後悔せよと語った。ただ、自分の追善をしてくれれば、恨みも消えると語り、以後は女御を守る葉守《はも》りの神となり、長く女御を守ろうと言って消える。

この「恋重荷」は、綾で包んだ重い岩でなく、打っても鳴らない布の鼓《つづみ》を老人に叩かせる「綾鼓」という曲を世阿弥が改作したものです。その「綾鼓」を三島由紀夫（一九二五―一九七

○）が取り上げ、現代の法律事務所に勤める老人が向かいの洋装店に来る美しい女性客に恋する話に改めた戯曲、『綾の鼓』を書いたことは有名です。この「恋重荷」の「恋には上下を分かぬ慣ひ」という言葉は、現在では「恋に上下の隔てなし」という形で使われていますが、こうしたことがいつ頃から言われ、定着したのかは不明です。ただ、右では「慣ひ」と言っていますので、世阿弥当時はすでに常識となっていたことが分かります。近代以前の日本では、『伊勢物語』のつくも髪の段が示すように、相手が強く恋したなら、その思いをかなえてやることをよしとする風潮があり、これは純粋な心情を重んじていたことに加え、そうした者の思いが執念となって祟《たた》ることを恐れたのも一因でしょう。実際、「恋重荷」では老人の恋ごころが死後には怨念となり、女御に地獄の苦しみを味わわせています。

気になるのは、老人の霊が女御に「衆合地獄」の苦しみを味わって後悔せよと語っていたことです。八大地獄の一つである衆合地獄は、『正法念処経』の「身念処品」では、殺生になれ親しみ、盗みや邪淫をおこない、それらを楽しんで、そうした悪を増長させると墜《お》ちる場所としています。白河院の女御の行為は、これらの罪業には当てはまらないように見えますが、あるいは、老人の恋ごころを弄んだということで、邪淫の変型とみなされたのでしょうか。

なお、能とともに演じられる滑稽な小劇である狂言も、意外なことに仏教との関係が深いのです。天正年間（一五七三―一五九三）に編纂された狂言台本の梗概集である『天正狂言本』では、百あまりの梗概のうち、ほぼ半数が仏教に関係する内容になっています。当然ながら、狂言では言葉遊びも盛んに用いられていました。仏像を造る仏師を探しに来た田舎者に対して、詐欺師が自分こそ本当の仏師、「真仏師《まぶつし》」だと名乗ると、田舎者はそれを「まむし」と聞き違えておののくといった仏教関連の駄洒落も目につきます。こうした性格上、狂言には恋そのものをテーマとした作はなく、男女関連となると、夫の浮気を妻がとっちめる滑稽話や、夫の酒癖の悪さに愛想をつかして妻が実家に戻ってしまうものの、結局は子供のことを思ってよりを戻す話などのように、「人間とはそんなものだ」と納得させる笑い話が少なくありません。そうした狂言のうち、恋人同士のやりとりを生き生きと描いた場面が出てくるのが、武士が嫉妬深い妻を恐れ、こっそり浮気する様子を描いた「花子《はなご》」です。こんな話です。

　都の武士が、用事で東国に下った際、宿場で心やさしい遊女の花子と出逢って惚れ込み、都に連れて帰ると約束した。武士が都に戻ると、花子も上京して北白川に宿り、逢いたいという手紙をしきりに送ったものの、武士の嫉妬深い妻は夫を少しの間も離そうとしない。武士は花子に逢うために、持仏堂に七日七夜籠もって坐禅すると言い出したところ、妻は一日一夜だけなら許そうと告げた。武士は、見に来ないようにと妻に言っておいたうえで、部下の太郎冠者《たろうかじゃ》を呼び出し、自分に代わって坐禅衾《ざぜんぶすま》をかぶり、無言で坐禅しているよう命じ、花子のところに出かけて逢瀬《おうせ》を楽しんだ。妻は我慢できなくなって夫が坐禅しているところを見に行ったところ、太郎冠者が身代わりをしていることを発見したため、代わって坐禅衾をかぶって坐禅しているふりをしていると、武士が帰って来て、太郎冠者だと思い込んで、逢瀬の楽しさをのろけだした。自分が訪ねて行くと、花子が自分のことを思って小歌を歌っていたため、可愛さのあまり「ひったりと抱き付いた」ものの、花子は何で手紙に返事をしてくれなかったのか、腹立たしいと機嫌が悪くなった。そこで、山の神に見咎《みとが》められてはと思い、手紙をお守りとして肌身につけていたと語ると、花子の機嫌もなおり、「楓《かえで》のような美しい手で、某《それがし》が手を取って」奥へと連れて行ってくれて酒宴となったのだ。さしつさされつ酒を飲み、ともに寝たところ夜が明けたため、帰ろうとすると、花子は見送ると言ってくれたが、その寝乱れた髪の姿が忘れられない。あんなにやさしい花子と添えず、嫉妬深い山の神を妻としたのは残念だと語り、坐禅している者の坐禅衾をとると、なんと妻だった。妻は「ようわらわを出しぬいたな」と怒り、夫を追い回した。

なんとも楽しい話ではないでしょうか。男女が恋しがったり、恋しさゆえに腹を立てたり、その機嫌をとったりという場面をこれほど生き生きと描くことは、平安時代の上品な物語にはありませんでした。舞台では、花子がこう言った、ああ言ったということを、当時流行の恋の小歌をまじえつつ身振り手振りで語っていきます。一人で演じるこうした仕方話《しかたばなし》が、落《お》とし噺《ばなし》、つまり、落語へとつながっていくのです。

その落語も早い時期には、寺社の門前などで演じることが多かったこともあって、仏教の要素が目立ちます。この「花子」も、坐禅をするという点は禅宗の流行を背景としていますし、そもそも、坐禅衾をかぶって黙ったままでいるというのは、当時の禅画によく描かれた少林寺で面壁《めんぺき》して坐禅する菩提達磨のパロディです。ここでも仏教と笑いが結びついていることが分かりますね。

江戸の恋物語では仏教は背景

中世は文学にも芸能にも仏教が染み込んでいた時代でした。戦国時代を経て江戸時代になると、幕府が寺院諸法度を定め、檀家《だんか》制度をとって家単位で必ず特定の寺に属するようにするなど、仏教を徹底的に管理しつつ保護したため、寺院数が飛躍的に増え、仏教はそれまで以上に広まりました。ただ、幕府は儒教を主流の学問と位置づけていたうえ、力をつけた大都市の商人たちが合理性と人情を重視するようになった結果、仏教の絶対的な権威は失われていきました。また幕府が京都・大坂・江戸に遊廓の設置を認めた結果、遊里独特の文化が生まれ、遊女と客の交情を描く遊里文学が歓迎されるようになりました。それが原因ではありませんが、『古今集』なら「恋」と呼んでいたものが、江戸時代には「色恋」と称される場合が増え、性格も変わっていきました。

大坂商人の気風を代表する井原西鶴（一六四二―一六九三）が天和《てんな》二年（一六八二）に出版した代表作の『好色一代男』などは、銀山を有する上方の富裕な商家に生まれた浮世之介が、さまざまな階層の遊女を含む三千七百四十二人の女性、そして七百二十五人の少年や成人男性との性愛を経験しつくした後、六十歳の身で船に強精剤などをどっさり積み込み、戻らぬ覚悟で女《にょ》護ヶ島《ごがしま》に舟出するという話になっています。人生は所詮は色と銭、そうであればそれをとことん追求すべきだという大胆な立場が打ち出されていたのです。浮世之介という名前自体、「憂き世」である無常な世間を前提とし、恋物語もその枠の中で描いてきた時代が終わり、「浮世」の時代が始まったことを示しています。

むろん、『好色一代男』は江戸文芸の中でも例外的な作品であって、江戸時代に出版された恋物語、また文楽や歌舞伎などで人気を呼んだ恋物語の多くは、従来の図式を受け継いだうえで江戸風に変えており、登場人物たちが義理と人情のはざまで悩み、自殺・心中・殺人・処刑などの悲惨な結果に終わるものでした。たとえば、寛文六年（一六六六）の作という奥付を有する『花の縁物語』は、「とにかくに常ならぬ物は此の世なり」という無常を嘆いた言葉で始まる室町時代の稚児物語である『鳥部山《とりべやま》物語』を、江戸時代の有力な武士の家臣である青年と大和屋という商家の娘の話に変え、元の文章を六割ほど利用しながら悲恋物語としたものです。『鳥部山物語』では、稚児はお約束通り死んでしまい、恋人の青年は出家しますが、『花の縁物語』では、娘が青年を恋いつつ死んでいったことを知った青年は、娘の墓の前で自害しています。武士らしいですね。

西鶴の作とされている『好色五人女』にしても、そのうちの「八百屋お七」の場合は、江戸の本郷の八百屋の娘が火事で寺に避難した際、寺の雑用を勤める美男の寺小姓に出逢い、恋仲となったものの、寺を離れた後は逢うことができず、火事になればまた逢えるかと思って放火した結果、火あぶりの刑に処せられるという実際の事件を元にして描かれていました。寺での出逢いで始まり、最後に出家するというおなじみの結末になっているものの、僧と美しい稚児の悲劇的な愛情劇という中世の図式と少し異なり、寺小姓である美少年と商家の娘という組み合わせになっている点は、江戸時代らしいと言えるでしょう。現代の事件を描くと差し障りがあるということで、鎌倉時代などの話に仕立てて大人気となったような作品の場合、むろん、舞台は昔であっても江戸時代の状況や心情が描かれています。

こうした作品では、仏教はそれなりに重要な役割を果たしているものの、中世のような絶対的な規範ではなくなっていました。かつての宗教の聖地が宗教的な雰囲気で有名な観光名所となったようなもの、と言ったら言い過ぎでしょうか。仏教が最初から最後まで悲劇を支える重要な役割を果たしている近松門左衛門（一六五三―一七二五）の浄瑠璃《じょうるり》『曽根崎心中』にしても、悪漢に金をだましとられて進退窮まった若い商人がなじみの女郎と死なざるを得ない状況に追い込まれていく過程、その時々の男女の心情を描くことが中心となっており、仏教そのものは主題になっていないように見えるのです。

『曽根崎心中』は、冒頭で、人々を救うためにこの世に示現した観音菩薩の功徳を強調した謡曲、「田村」の文句を引き、遊女のお初が大坂の三十三箇所の観音めぐりをし、ほかの女が祈っているところを見て恋の祈りかと嫉妬する様子から始まります。以後の展開は次の通りです。

お初は、田舎からの客とともに来ていた生玉社で、結ばれたいと祈っていた相手である醤油《しょうゆ》問屋の真面目な奉公人、徳兵衛と出逢い、二人は互いの思いを確かめ合う。一方、甥《おい》である徳兵衛の実直な働きぶりを気に入っていた店の主人は、徳兵衛を妻の姪《めい》と結婚させて店を継がせようとし、勝手に話を進めて結納金まで徳兵衛の継母に渡していた。徳兵衛がその縁談話を断ると、主人は怒って勘当を言い渡した。徳兵衛は苦労して結納金を取りもどし、主人に返済しようとしたが、どうしても金が必要だという親友の九平次に頼まれ、三日だけの約束でその金を貸してやったところ、九平次は逆に返済を迫る徳兵衛を人々の前で詐欺師扱いして殴りつけた。徳兵衛が覚悟を決め、日が暮れてからお初のもとを訪れると、お初は人に見つからないよう徳兵衛を縁の下に隠した。そこに客としてやって来た九平次は、金を奪ったからくりを話したうえ、徳兵衛を罵ったため、お初は徳兵衛に聞こえるように自害するほかないことを語った。真夜中になると、お初と徳兵衛は手を取り合って曽根崎の露天神の森へと向かい、仲の良い夫婦の象徴とされる枝がからまった連理の松と棕櫚《しゅろ》が連なった木に互いを縛った。お初は「早く殺して」とせかしたが、徳兵衛は脇差しを抜いたものの、幾度も抱きしめて寝た可愛い肌に刃を突き立てることができない。しかし、心を励ましてお初の喉笛を刺し通し、自らも剃刀《かみそり》で喉を切って絶え果てた。噂を聞いて集まった群衆は、二人を回向した。二人が来世で仏となるのは疑いないことであり、この事件は一途な恋の手本となった。

以上です。これが『平家物語』の冒頭と同様に、暗記して朗唱したくなるような名文で綴《つづ》られているのです。中でも広く知られて愛唱されたのが、曽根崎の森へと急ぐ様子を描いた道行《みちゆき》の一節です。有名な部分ですが、原文を引いておきましょう。

此の世のなごり、夜もなごり。死にに行く身をたとふれば、あだしが原の道の霜、一足づゝに消えて行く、夢の夢こそあはれなれ。あれ数ふれば暁の、七つの時が六つ鳴りて、残る一つが今生の、鐘の響きの聞きをさめ、寂滅為楽《じゃくめついらく》と響くなり。鐘ばかりかは草も木も、空もなごりと見上ぐれば、雲心なき水の音、北斗は冴《さ》えて影映る。星の妹背の天の川、梅田の橋を鵲《かささぎ》の、橋と契りていつまでも、我とそなたは女夫星《めおとぼし》。必ず添ふとすがり寄り、二人が中に降る涙、川の水嵩《みかさ》もまさるべし。

【訳】この世も最後となり、夜も最後となった。死に行く身を喩《たと》えると、火葬場であるあだしが原に続く道の霜が、一足ずつに消えていくようなもの、夢の中で見る夢のようなはかなさこそあわれなことだ。ほら、数えてみれば、暁の七つを告げる寺の鐘がすでに六つ鳴り、残る一つがこの世の鐘の響きの聞きおさめであって、寂滅為楽と響いている。鐘ばかりでなく草も木も、空もこれが最後と見上げると、雲は無心に流れ、川も無心に流れる水の音がするばかり。北斗の星は空に冴え、その影が川の水に映る。夫婦の星が隔てて向かい合う天の川のように、この梅田の橋を七夕に鵲が渡す橋と見立て、来世を契っていつまでも、我とそなたは夫婦の星である彦星と織姫星のように、必ず夫婦になろうとすがり寄りつつ、二人の間に降る涙で、川の水かさも増すに違いない。

近世における仏教風な美文の典型ですね。ここではさまざまな仏教の言葉が盛り込まれています。まず、冒頭の「此の世」は、現世・過去世・未来世という三世を説く仏教の世界観に基づきます。「あだしが原の道の霜」とは、心中する曽根崎の森を、鳥部山と並んで京都の火葬場だった仇野《あだしの》になぞらえ、ひと足進むごとに死が近くなることを述べたものであって、歩くたびに死ぬ場所に近づくことは、『涅槃経』の「迦葉菩薩品《かしようぼさつぼん》」が、人生の無常さを説く際、「亦た朝露の、勢いとして久しく停まらざるが如く、囚（人）の市に趣くに歩歩、死に近づくが如く、牛羊を牽きて屠所に詣ずるが如し（また、朝露が当然のことながら長くとどまらないようなものであり、囚人が死刑にされる市場に向かう際、一歩一歩、死に近づくようなもの、牛や羊を引っ張って肉にする場所に連れて行くようなものだ）」と述べた箇所などに見えるものであって、「屠所の羊」の喩えとして有名です。「夢の夢」とは、『荘子』の「斉物論篇《せいぶつろん》」が夢も現実も境は曖昧だと説いた胡蝶《こちょう》の夢の譬喩に基づきますが、中国仏教では、「夢の中でさらに夢を見る」ということで迷いが深いという意味で用いられました。鐘の音が「寂滅為楽」と響くというのは、『平家物語』冒頭で祇園精舎の鐘は「諸行無常」と鳴ると記された部分の典故として有名な「無常偈（雪山《せっせん》偈《げ》）」に、「諸行無常、是れ生滅法なり。生滅、滅し已り、寂滅を楽と為す（すべての作られたものは無常であり、これは生じては滅する性質のものだ。そうした生滅がなくなってしまい、寂静となった境地が安らぎである）」とあることによっています。牽牛星《けんぎゅうせい》と織女星の伝説は中国由来ですが、それ以外は仏教関連の言葉が連ねられています。仏教の言葉が多いのは、「田村」や「三井寺」など観音信仰を柱とした謡曲の文句を盛んに引いているためであり、鐘が「寂滅為楽」と響くというのも「三井寺」に基づきます。

つまり、そうした部分は、多くの人が知っていてなじんでいた仏教系の名文句であったのに対し、お初と徳兵衛のやりとりは、生き生きとしていて刺激的なのです。たとえば、お初と徳兵衛が生玉社で出逢った際、徳兵衛が長らく逢いに来てくれないことをお初が恨み、これでは自分は病気になってしまうと語った後、そうした言葉が遊女の商売上の嘘でないことを示すため、「これ、此の痞《つかえ》を見さんせと、手を取って懐《ふところ》の打ち恨みたる口説き泣き（ほら、この胸の動悸《どうき》を見なしゃんせと、徳兵衛の手を取って胸元の内に入れ、胸の内の恨みを吐露する口説き泣き）」と言っています。この箇所などは、舞台での人形の所作とはいえ、あるいは人形の所作なればこそ、肉感的であって観客には印象深く受けとめられたことでしょう。なお、「懐の打ち恨みたる」の部分は、「懐の内」と「うち恨み」が掛けてあります。

『曽根崎心中』の末尾は、二人の心中は噂を聞いて集まった「貴賤群集《きせんくんじゅ》の回向の種」となり、「未来成仏疑ひなき、恋の手本となりにけり」と結ばれています。多くの人たちの同情が追善回向となるであろうから、将来の世で二人とも仏となることは疑いないとし、これこそ真の恋の手本となったことだった、と結論づけるのです。しかし、それにしては、お初が徳兵衛に喉を刺されて苦しむところなどがあまりに生々し過ぎるため、出家で終わる中世の類型的な稚児物語などと違い、従来のお決まりの結末ではおさまりきらなくなっているように思われます。つまり、狂言のところで見たように、仏教を踏まえてはいるものの、いかにも人間らしい心情と言動を生々しく描くことに重点が移ってきているのです。

釈尊と遊女が駆け落ちする黄表紙

人間らしい心情、そう思うのは無理もないとみなされる心情のことを、江戸時代には「人情」と呼び、尊重するようになりました。これは学問の世界では、幕府の正式な学問とされ、あまりにも厳格な道徳を強いる朱子学に対する反発として生じましたし、仏教の通俗的なお説教に対する反発という面もありました。遊里文学においては、遊女と客の駆け引きなどをうがった形で描いた作品が、通のあり方を示すものとして歓迎されましたが、市井の人々の心や振る舞いを共感する形で描く話芸などの影響もあって、教訓で終わるのではない形で人々の人情を描く作品が次第に増えていったのです。江戸後期におけるそうした作品の代表は、式亭三馬（一七七六―一八二二）が落語の影響を受けて軽妙な会話の文体で書き、文化六年（一八〇九）に出版を開始した滑稽本の『浮世風呂』であり、遊里ではない市井の男女の恋を人情として描いて大人気となった代表は、為永春水《ためながしゅんすい》（一七九〇―一八四四）が天保三年（一八三二）から翌年にかけて出版した『春色梅児誉美《しゅんしょくうめごよみ》』です。作者が自註で、「この草紙は……人情を述ぶるを専《もっぱ》らとす」と宣言していることが示すように、この作品では仏教は重要な役割を果たさなくなっています。

このように、普通の人情が重視されるようになれば、仏菩薩についても同様の扱いがなされるのは当然でしょう。実は、仏菩薩を篤く信仰する一方で、親しみを持って並みの人間扱いするような傾向も、平安後期あたりから少しずつ生じていました。たとえば、天台宗の光宗《こうしゅう》（一二七六—一三五〇）が十四世紀の初めから中頃にかけて編纂した『渓嵐拾葉集《けいらんしゅうようしゅう》』の異本によれば、『鳥獣戯画』の作者とも言われた鳥羽僧正（一〇五三—一一四〇）は、大変な学僧であったうえに巧みな絵師でもあり、「異形の不動」、つまり、変わった姿の不動明王を数多く描いたとされています。不動が童子と同衾しているところとか、不動が便所で下痢をしており、周りの童子たちが臭がって鼻をふさいでいるところとか、便所に入って剣で尻を拭いている絵などだそうです。『渓嵐拾葉集』は、これには秘伝があり、通常の教えである顕教と秘密の教えである密教は一致することを示し、汚いとか清らかとかいった対立にとらわれた見解から離れさせるための方便なのだと説明しています。

方便とはいえ、あまりな描き方ではないでしょうか。しかし、このように仏菩薩の類いを人間扱いする傾向は、決しておとしめようとしてのことでなく、親しみの表れであったのが日本の特徴です。こうした傾向は、時代がくだるにつれて強まっています。それが頂点に達したのが江戸時代でした。その代表例は、宝暦七年（一七五七）に出版された洒落本の『聖遊廓《ひじりゆうかく》』でしょう。作者不明のこの作は、儒教の聖人である孔子、道教の聖人である老子、そして仏教の開祖である釈迦《しやか》が吉原を思わせる遊廓にやって来て仲良く遊ぶという、とんでもない話です。中でも釈迦は主人公とされており、お気にいりの遊女と心中覚悟で駆け落ちすることになっています。これは、仏教の若き修行者と遊女の恋という図式を大胆に転じたものですね。舞台は、時代が合いませんが、唐代の詩人である李白《りはく》（七〇一―七六二）が主人となっている揚屋《あげや》です。揚屋というのは、吉原などの遊廓で客が高級な遊女やそのお付きや芸人などを呼んで遊んだ店のことです。この店に集まった三人の聖人は、『論語』や『老子』や『般若心経』などの言葉を用いてもっともらしいことを語り、読者を笑わせるのです。展開は以下の通り。

孔子が店に来て親しい李白と話していると、表だった固い道徳を嫌う道教の聖人らしく、老子が裏口から入って来た。さらに釈迦が、孔子の地味な出で立ちとは反対に、派手な着物に金の帯を締め、異国の香をくゆらせ、仮の世大夫という無常めいた名の遊女を連れ、豪勢に相乗り駕籠《かご》で乗りつけた。亭主の李白が、いつも二人連れで仲がおよろしうと挨拶すると、釈迦は、「こうして連れ立っていても、逢う者は常に離れ、命終《みようじゆ》の時は随わない」と説法のように語ったため、仮の世大夫は、「あれ、李白さん。聞いてくだしゃんせ。

あのように無常なことばっかり言うてござんすわいな」と遊女言葉で愚痴る。孔子には大《おお》道《みち》大夫、老子には大空大夫という似つかわしい名のなじみの遊女が呼ばれ、皆であれこれ冗談話をした後、三聖人はそれぞれの敵娼《あいかた》と寝所に入った。孔子と大道大夫がいちゃいちゃしているところに、亭主の妻が飛び込んできて、釈迦大尽《だいじん》と仮の世大夫がいなくなったと告げる。皆で驚いていると、釈迦の部屋の枕元に書き置きがあった。卒都婆《そとば》などでよく見るインド文字の悉曇《しったん》で書かれていたため、駆けつけた弟子の阿難に読みあげさせると、二人の辞世の和歌が書かれていたため、駆け落ちではなく心中だと、一同は青くなった。

ここから、右で見た『曽根崎心中』の道行を思わせる名調子の道行文となりますので、冒頭と中間の一部を引いてみましょう。

されば にや釈尊は、仮の契りも仮の世と、深き妹背の仲となり、廓《くるわ》を抜けてただ二人、越し路の空を後に見て、十万億へと心ざす、道はどこやら後先も、涙の雨の晴れ間なく、……連れ弾きにしたその時に、私が撥《ばち》を持ち添へて、「いとしいぞや」と言わしゃんした、その一言が縁の端《はし》、……天上天下唯だ一人、お前ならでと思いつめ、此の世はおろか後の世も、変はるまいぞと六道の、ちまたに迷ふ恋の闇。

【訳】そのためか、釈尊は、この仮の世での契りは仮のものだが、それを名としている仮の世大夫と深い夫婦の仲となり、廓を抜けてただ二人、これまで来た道の上の空を後に見て、十万億土をめざすものの、その道はどこにあるのか、後も先も分からないまま、涙の雨が晴れることなく続く、……あなたと三味線を連れ弾きしたその時に、私の手にした撥を持ち添えて、「いとしいぞ」とおっしゃった、あなたのその一言がこうして深い仲になるきっかけだった、……天上天下に唯だ一人、添う人はあなた以外にないと思いつめ、この世はおろか後の世も、変わらずにいようと誓うため、六道のちまたで、行く先に迷う恋の闇であったことだ。

以上です。「十万億へと心ざす」とは、十万億もある仏国土のさらにその先にある西方極楽浄土をめざすということです。後半は、釈迦から「いとしいぞや」と言われた言葉がきっかけとなり、この世界であなた一人しかないと思いつめるようになった、とありますが、「天上天下唯だ一人」とは、釈尊が誕生した際、七歩歩んで「天上天下、唯我独尊」と宣言したという伝承をひねったものです。右に引いた箇所の少し後では、仮の世大夫が、妻がいる人と将来の約束はしないものだという格言を我が身に思い知るつらさを嘆き、釈迦の妻である耶輸陀羅（ヤショーダラー）さんが私を恨んでいなさるだろうと、釈迦のたもとにすがって泣きます。ここまで来ると、本当に文楽や歌舞伎の世話物のようですね。すがられた釈迦は、「色即是空《しきそくぜくう》と聞く時は、自他平等に隔てなく、ともに一蓮托生ぞや（現象はそのまま空であると聞いたならば、自分も他人も平等であって隔てはなく、ともに極楽の蓮華の中に生まれるのじゃ）」と言い聞かせます。

「色即是空」は、言うまでもなく、『般若心経』その他の経典が強調するところであって、現象はそのまま空なる存在であることを意味します。ここでの「色《しき》」は色恋を考慮しての言葉でしょう。「自他平等」とは、自分も他人も区別はないという意味であって、ここでは、空の立場に立てば、正妻である耶輸陀羅も遊女である仮の世大夫も区別はない、という意味になりそうです。最後の「一蓮托生」とは、浄土信仰に基づく言葉であって、阿弥陀仏を信じて念仏する親しい者たちは、極楽の池に咲く蓮の花のつぼみの中に一緒に生まれるということです。

『聖遊廓』は、この道行の最後で、「手に手を取てゆく程に」三途の川を「女度得舟《にょどとくせん》の棹《さお》さして、彼岸《かのきし》にこそ着きたまふ」と述べてしめくくっています。釈迦と仮の世大夫は手に手を取って、この世とあの世を隔てる三途の川まで至ると、ちょうど女も渡ることができる舟を得ることができ、その舟に乗って棹さして、悟りの世界である彼岸まで至ることができた、というのです。「女度得舟」とは、今日でも使われる「渡りに船」という言葉の元となった『法華経』「薬王菩薩本事品《ほんじぼん》」が『法華経』について「如渡得船《にょどとくせん》（渡りに船を得るが如し）」と述べている箇所をもじったものです。遊女でも三途の川を渡ることができる、として遊んでいるのです。最後の「彼岸にこそ着きたまふ」は、謡曲の道行の末尾の決まり文句、たとえば「高砂」の「はや住之江《すみのえ》に着きにけり」にならったものであって、釈迦だけに「着きたまふ」と敬語になっています。このように、悪ふざけの作である『聖遊廓』は、仏教の基本的な知識を踏まえて書かれており、当時の読者はこれを楽しむことができたのです。

この『聖遊廓』は、儒教・仏教・道教の聖人を笑いものにした不届きな作ということで取り締まられそうなものですが、実際には、略式ではあるものの開版願いを出して許可されています。江戸時代は、幕府の政策を批判したりすれば捕縛されたものの、この程度のおふざけはお構いなしとされていたのです。実際、天明三年（一七八三）にも、三人の聖人が吉原に遊びに行くという洒落本、『三教色』という本が出版されています。作者は、武士から遊女屋に婿入りして戯作者となった唐来参和《とうらいさんな》（一七四〇―一八一一）。『三教色』では、老子に代わって神道の天照皇大神宮が加わっています。天照大神《あまてらすおおみかみ》は女神のはずですが、この時期のことですので、

『三教色』では「甚だ御蕩楽《おどうらく》にましまし」て配下の神から意見されるほどの男性神とされています。『三教色』とは、もちろん、儒教・道教・仏教の教えを比較して仏教の優位を説いた空海（七七四―八三五）の『三教指帰《さんごうしいき》』のもじりであって、三教の聖人たちの色事という意味ですね。この『三教色』の挿絵を描いたのは、なんと、かの喜多川歌麿《うたまろ》（一七五三―一八〇六）です。このことだけ見ても、吉原通いをする釈迦を描いた洒落本、それも遊女と駆け落ちするなどという話が、一般には楽しい娯楽作として受けとめられていたことが分かるでしょう。

伝統を継いだ樋口一葉の『たけくらべ』

伝統的な仏教系恋愛物語の最後の例として、樋口一葉（一八七二―一八九六）の代表作である『たけくらべ』を取り上げましょう。一葉と仏教の関係についてはあまり注目されておらず、論文も多くありませんが、一葉は『源氏物語』『伊勢物語』などの古典や西鶴その他の江戸文学に加え、仏教にもかなり通じており、日記には時々仏教の言葉を記して自分の心を見つめていました。そもそも、十九歳の時に名乗った一葉という筆名にしても、当時貧乏であったため、一枚の葦《あし》の葉に乗って揚子江を渡って少林寺におもむき、面壁坐禅し過ぎて足が腐ってなくなったという伝説がある菩提達磨と同様、自分も「おあし（銭）」がないので達磨になぞらえて名乗った、と冗談で語っていた由。

「文学界」の明治二十八年(一八九五)の一月号から翌年の一月号にかけて連載され、四月に「文芸倶楽部」に一括掲載されて森鷗外(一八六二—一九二二)や幸田露伴に絶讃された『たけくらべ』は、寺の息子であって僧侶になる身である実直な信如と、吉原の遊女の妹であって近く自分も店に出る予定のおきゃんで勝ち気な少女である美登利《みどり》が、互いに好意を持ちながら、周りにからかわれたため信如が美登利に距離を置くようになり、二人とも打ち解けずにいるもどかしい様子が描かれています。特筆すべきは、その心理描写の巧みさです。雨の日に美登利の家の前で下駄の鼻緒を切ってしまって困っている人がいたため、美登利が鼻緒にすげる布切れをあげようと庭まで出て来たところ、信如だと知って顔を赤くし、信如も美登利に気づいたものの冷や汗をかくばかりで、互いに声をかけられずにいるという場面です。

呼立てられるに、はい今行ますと大きく言ひて、其声信如に聞えしを恥かしく、胸はわくわくと上気して、……格子《こうし》の間より手に持つ裂《き》れを物いはず投げ出せば、見ぬやうに見て知らず顔を信如のつくるに、ゑゝ例《いつも》の通りの心根と遣る瀬なき思ひを眼《め》に集めて、少し涙の恨み顔、何を憎んで其やうに無情《つれなき》そぶりは見せらるゝ、言ひたい事は此方《こちら》にあるを、余りな人とこみ上《あぐ》るほど思ひに迫れど、母親の呼声しば〳〵なるを侘《わび》しく、詮方《せんかた》なさに一ト足二タ足、ゑゝ何ぞいの、未練くさい、思はく恥かしと身をかへして、かた〳〵と飛石を伝ひゆくに、……

【訳】母親に呼び立てられ、「はい。今行きます」と大きな声で言ってしまい、その声が信如に聞こえたのが恥ずかしく、胸はどきどきと上気して、……格子の間から手に持っていた布切れを、何も言わずに投げ出すと、信如が見ないように見て知らん顔をするので、「えい、例の通りの意地悪ごころで」と、やるせない思いが目に集まり、少し涙ぐんだ恨み顔をし、「何が憎くてそのように無情なそぶりを見せるのか。言いたいことはこっちにあるのに、余りな人」と、こみ上げてくるほど思いが高まるものの、母親の呼ぶ声が度重なるので困ってしまい、仕方なくひと足ふた足、「えーい、何だっていうの。未練くさい。信如がどう思うか恥ずかしい」と、身をひるがえし、カタカタと飛石を伝って行くと……

素晴らしい文章ですね。才子佳人小説では、女主人公が遊女である場合でも、教養と儒教道徳を身につけた素晴らしい女性として描かれるのが通例であるため、類型的な人物描写となりがちです。これに対して『たけくらべ』の場合、まさに勝ち気でありながら恥ずかしがりの面も持つ十代の少女の等身大の姿を見事に描き出しています。美登利は、このしばらく後に初潮を迎えてからは、顔を赤らめがちでおとなしくなり、用事があれば遊廓の姉のところには時々出かけるものの、腕白どもとはまったく遊ばなくなります。つまり、遊女見習いとして店に出るのが近くなってきたのです。そうして至った物語の最後が泣かせます。『たけくらべ』の末尾は、次のように結ばれています。

或《あ》る霜の朝水仙の作り花を格子門の外よりさし入れ置きし者の有けり、誰《た》れの仕業と知るよし無けれど、美登利は何ゆゑとなく懐かしき思ひにて、違《ちが》ひ棚《だな》の一輪ざしに入れて淋《さび》しく清き姿をめでけるが、聞くともなしに伝へ聞く其明けの日は信如が何がしの学林に袖の色かへぬべき当日なりしとぞ。

【訳】ある霜が降りた朝、水仙の造花を格子の門の外側からさし込んでおいた者がいた。誰の仕業と知るすべもなかったものの、美登利はなぜか懐かしい思いがして、違い棚の一輪挿しに入れ、その淋しく清らかな姿を好んで眺めていたが、聞くともなしに伝え聞いた話では、花が入れてあった翌日は、信如がある学林に入って着物の色を変えることになっていた、まさにその日であったそうだ。

学林とは、仏教の各宗派が設置していた自宗の教育機関です。学林に入れば、僧侶候補として黒い僧衣を着て学問に励むことになります。二人はこうして別れ、それぞれの道を歩むことになったのです。これまで見てきたように、仏教系の恋物語では若い僧侶と美しい遊女というのは、お決まりの設定になっていましたが、僧侶候補の少年と遊女候補の少女の間のもどかしい関係を描いた『たけくらべ』は、従来の図式を踏まえつつ近代小説へ踏み出した傑作と言ってよいでしょう。以後も、若い僧侶と遊女という関係は、親鸞《しんらん》(一一七三―一二六三)とその弟子をモデルにして描き、大正六年(一九一七)に刊行されて一大ベストセラーとなった倉田百三(一八九一―一九四三)の戯曲、『出家とその弟子』などにも受け継がれますが、この『出家とその弟子』にしてもほかの小説家が僧侶の恋を素材にした作にしても、中身は近代文学であって、伝統的な仏教文学の枠からは離れています。

注目すべきことは、漢詩文の素養もあった一葉は、韓国の章で見た漢文版の『九雲夢』の刺激を受けた代表作である『胡沙《こさ》吹く風』を「東京朝日新聞」に連載していた半井《なからい》桃水《とうすい》(一八六一―一九二六)から『九雲夢』を借り、明治二十五年(一八九二)に途中まで筆写していることです。人気作家であった桃水は、一葉の文学の相談相手であって、恋仲だという噂があった人です。一葉の作では、『にごりえ』などに『九雲夢』の影響があるものの、『九雲夢』と違って女性の側の視点で描こうとしていることが指摘されています。

一葉のこの傑作が世に知られたのは、森鷗外が主宰していた雑誌「めさまし草」において、鷗外・幸田露伴・斎藤緑雨《りょくう》（一八六八―一九〇四）の三人が名を隠して鼎談《ていだん》の形でおこなっていた辛口の作品合評欄、「三人冗語」が絶讃したためでした。露伴は、谷中《やなか》感応寺の五重塔を建てた職人気質の棟梁《とうりょう》を主人公とする『五重塔』が出世作となったことが示すように、若い頃から仏教に通じていて『首楞厳経』にも親しんでおり、早くから作品中で触れていました。一葉亡き後は、その著作を管理していた妹の邦子の相談にも応じていた露伴は、晩年になって摩鄧女が登場する諸経典を比較検討しなおし、昭和七年（一九三二）に、「恋愛は破壊をつかさどるものである」で始まる軽妙な文体の小説、「プラクリチ」を発表しています。

第五章　ベトナムの恋物語と仏教——諸国の作品との対比

ベトナムが現在のように南北に細長い国となったのは十九世紀初めのことです。北部は漢代以来、交趾《こうし》と呼ばれて長らく中国の支配下に置かれ、東南アジアでは珍しく漢字文化圏となりました。強大であった唐が滅亡した際の混乱に乗じ、十世紀に呉朝（九三九―九六三）が成立し、中国からの独立を果たしたものの、以後も中国による支配と独立が繰り返されました。戦乱が多く、古い書物があまり残っていない点は韓国と同様であるうえ、明に支配されていた時期には、書物などが大量に明に持ち去られ、固有の風習が禁じられて中国文化が押しつけられたことも、古い書物が残っていない原因の一つです。日本では漢字の一部を用いた片仮名や漢字の草書に基づく平仮名によって日本語を表記したように、発音が複雑なベトナム語の場合は、十一世紀あたりから、漢字を組み合わせて作った表音文字である字喃《チュノム》によってベトナム語を表記するようになりましたが、主流は漢文でした。

その字喃で書かれたベトナムを代表する文学作品と言えば、黎朝《れいちょう》・阮朝《げんちょう》の文人政治家であった阮攸《げんしゅう》（グエン・ズー：一七六五―一八二〇）の『金雲翹新伝《きんうんぎょう》』がまずあげられます。ベトナムでは、教科書でも取り上げられており、女主人公の波瀾《はらん》万丈の人生を描いたこの作品は広く親しまれているため、女性の中には、目をつぶってこの本を開き、指さした箇所を見て吉凶を占う人もいるそうです。阮攸は黎朝の首相の第七子であり、十九歳で科挙に合格して黎朝に仕えました。黎朝が亡びると、これに代わった西山朝《せいざんちょう》には仕えず、貧困の中で酒におぼれて病気となる生活が続いていましたが、西山朝の役人となっていた兄を訪ねたところ、兄が開いてくれた宴席で琵琶と歌の名手であった妓女と知り合い、恋仲となりました。西山朝を破って阮朝の嘉隆帝《かりゅうてい》（在位：一八〇六―一八二〇）が統治するようになると、その懇望を受けて出仕し、地方の長官になり、民衆を大事にして慕われたそうです。一八一三年には漢文の才を買われ、清朝に正使として派遣され、一八二〇年に再び正使を命じられましたが、病気となって亡くなりました。

『金雲翹新伝』は、清朝の青心才人という仮名の作者が書き、中国や周辺国で人気になっていた『金雲翹伝』を阮攸が翻案し、字喃による六字八字の韻文詩の形で書いたものです。知識人はむろん漢文で文章を書くのが普通でしたが、『金雲翹新伝』はあえて字喃を用いて音調よく書かれており、明朝の支配に抵抗したベトナム人の心情を巧みに描き出している点が人気を呼んだ原因でしょう。

元となった『金雲翹伝』は、倭寇の頭目の一人である徐海（?―一五五六）の愛妾《あいしょう》をモデルにした物語です。倭寇というと日本の海賊のようですが、北部九州を中心とする日本の海賊が倭寇となり、高麗の南部や内陸、また明の東海岸部などを荒らしていたのは十四世紀頃です。それ以後の後期倭寇と呼ばれる者たちは、中国江南の沿岸地域で貿易をしていた中国人が政府の厳しい取り締まりに反発し、日本の倭寇なども従え、武装して密貿易をおこなったり略奪をするようになったりした例が多いのです。明の軍隊が制圧しようとしましたが、日本刀などで武装した倭寇は勇猛であったうえ、当時の政治に不満を持つ者たちが大量に倭寇の側に加わって暴れたため、嘉靖《かせい》年間（一五二二―一五六六）には、中国の南沿岸地方で「嘉靖の大倭寇」と呼ばれる大規模な地方動乱が起きるに至りました。

その時期の倭寇の頭目は、明代の海禁政策のもとで密貿易をおこない、日本に渡って平戸に本拠地を置いていた王直（汪直《おうちょく》：？―一五六〇）でした。ただ、武将の胡宗憲《こそうけん》（一五一二―一五六五）が鎮圧の責任者となると、弱くて倭寇に打倒されていた官軍の兵士に代えて、勇猛な少数民族たちの軍勢を組織する一方、甘い言葉で降伏を勧め、また倭寇仲間の分裂をはかる巧みな策によって王直を取り込んだ結果、王直は明に帰順したものの最後には死刑に追い込まれました。その王直に次ぐ倭寇の指導者であったのが、杭州で出家したものの酒と博打におぼれ、倭寇であった叔父の関係で日本の大隅《おおすみ》に住み、明山和尚と呼ばれていた徐海です。徐海は、官憲との関係を強めて海外貿易を認めてもらおうとしていた王直と対立し、平海大将軍と名乗り、日本の各地の勢力を含む大船団を組織して浙江の地を襲い、現地の不満分子も吸収して大人数となり、官軍を打ち破ります。しかし、徐海は帰順すれば優遇するという胡宗憲の誘いに乗って降伏し、結局は殺されるに至りました。

徐海鎮圧については、胡宗憲に仕えた茅坤《ぼうこん》（一五一二―一六〇一）が『紀剿除徐海本末《きそうじょじょかいほんまつ》』で描いており、徐海が銭塘江《せんとうこう》で船に火を投げ入れられ、河に身を投げて死ぬと、その愛妾であった歌妓の王翠翹《おうすいぎょう》と王緑妹《りょくまい》も、その場所に飛び込んで死んだと記しています。この王翠翹の話が次第にふくらみ、街で講談として語られたさまざまな話を集めた『型世言《けいせいげん》』では、「王翠翹、死して徐明山に報ゆ」という倭寇物語となりました。さらに後になると、王翠翹は元は才色兼備の名家の娘であって、金重という才子と将来を誓っておりながら、父親を救うために高額の結納金を出す下賤な男と結婚したところ、その男は地方から娘を連れて来て遊女屋に売る男であったため、翠翹は以後、妓女・妾・尼となるなど苦難の人生を送った後、徐海将軍の夫人となって自分をいじめた人たちに復讐し、最後に金重と再会する、という面白過ぎる才子佳人小説となりました。その代表が、青心才人と称する不明な文人が書いた講談調の章回小説、『金雲翹伝』です。

ベトナムは、長らく中国の植民地とされていた状況を脱して十世紀に独立し、モンゴルの襲来もはねかえしたものの、明に侵攻され、ベトナムの固有の文化を否定する厳しい統治のもとで苦しんだため、卑劣な陰謀を用いる明の官軍と戦った徐海は、英雄のように受け取られたのです。阮攸の『金雲翹新伝』は、こんな話です。

嘉靖年間のこと、北京に王という儒者がいた。長男は観という名で家の儒学を受け継ぎ、二人の姉は翠翹と翠雲という名であって美人として知られていた。ある時、姉たちと弟で春の野山を散策していた際、王観の友人である金重と出逢い、以後、翠翹と金重は相思相愛となって将来を誓った。だが、父が冤罪《えんざい》でつかまったため、翠翹は高い結納金を出す男と結婚してその金で父を救うこととし、金重には妹と結婚してもらった。翠翹はその結婚相手によって妓楼に売られ、自殺しようとしたが果たさず、遣《や》り手婆《てばばあ》が男をとりこにする術を教え込んだため、歌妓として人気となった。束其心という書生あがりの男が翠翹に惚れ込み、翠翹もその優しさに惹かれた結果、翠翹は身請けされて妾となったものの、その妻に嫉妬されて殺されそうになり、逃げ出して覚縁という尼に保護された。しかし、覚縁のところに出入りしていた老婆にだまされ、また身売りされた。妓女として働くうちに豪傑である徐海に気にいられ、翠翹も男らしい徐海に恋するようになった。徐海が軍勢をひきつれて大暴れし、将軍として凱旋《がいせん》すると、将軍夫人となった翠翹は、自分にゆかりのある者たちを呼び集め、親切にしてくれた者には褒賞を与え、いじめた者たちには処刑するなどの罰を与えた。徐海の軍勢は沿岸地方を制圧したが、徐海討伐の将軍に任命された胡宗憲は、翠翹をそそのかして降伏を勧めさせ、徐海が武装を解除すると奇襲攻撃をしかけて戦死させた。胡宗憲は翠翹に酒席で琵琶の弾き語りをさせ、一夜の妻とした後、徐海討伐戦に加わった勇猛な少数民族の首長に妻として与えた。船に乗せられて銭塘江を進み始めた翠翹は、河に身を投げたが、覚縁が前もって漁師に頼んで銭塘江に張らせていた網にかかり、救助されて尼としてともに暮らすこととなった。一方、翠雲と結婚した金重は翠翹を探し続けており、銭塘江に身を投げたと聞いて一家で岸辺に魂を招く祭壇をしつらえて祈っていると、覚縁に出逢った。覚縁は王の一家を庵に連れ帰り、翠翹と再会させた。金重は結婚を申し出たが、翠翹は金重とは形だけの夫婦となって風雅の友となると宣言したため、金重は二人の妻を得ることとなり、大いに出世した。

以上です。まさに恋多き美女の波瀾万丈の物語ですね。死のうとしたところを尼に救われて出家し、そこに昔の恋人が訪ねて来るというのは、『源氏物語』の浮舟とそっくりです。ただ、仏教色が強い『源氏物語』と違い、ベトナムは儒教と仏教と道教の三教が融合するに至った国ですので、この『金雲翹新伝』には三教の要素が盛り込まれています。たとえば、仙女のような美女に関するこの物語の最後は、次のような形で終わっています。

すべては天の差配によるものだが、天は人に対して偏った心を持っていないため、天を責めてはいけない。「才」と「災」は同音であり、才人に災が多いのはよくあることであるから、才を誇って才に溺れてはならない。人は業を持って生まれてくるため、心に善根があれば、その心は（天地人の）三才と一致するのだ。これはたまたま字喃で綴った物語である。夜、眠れない時、気晴らしに読んでもらえば幸いだ。

この教訓のうち、天は偏った心は持っていないとするのは、『老子』「虚用篇」が「天地は不仁、万物を以て芻狗《すうく》と為す（天地は思いやりの心は持っておらず、祭祀が終われば儀礼で用いる藁で作った犬を捨てるように、天地は万物を動かしつつ使い捨てにする）」の説に基づきます。人は「業」をかかえて生まれてくるとし、「心」を重視して「善根」を積むべきことを説くのは仏教の思想です。天地人の三才の思想は、儒教では『易経』「繋辞伝《けいじでん》」に見えるのが早く、道教でも説かれます。その「才」は「災」と同音だというのは当時のベトナムの漢字音でのことであり、才人には災難が多いとするのは、中国の俗諺《ぞくげん》に基づくものです。

一方、翻案の元となった清の青心才人の『金雲翹伝』では、結末は講談調の白話文で以下のような調子で綴られていました。

金重の一夫にして二妻を得たること、蛾皇《がこう》と女英と同じです。姉妹の違いはあるものの、区別はまったくございませぬ。鼓やら琴やら楽器を奏し、夫婦の楽しみをつぶさに尽くし、ともどもに年老いたのでございます。ですからその風流な余韻は、今日まで伝わり、朽ちることがありませぬ。

つまり、古代の伝説的な聖帝である堯《ぎょう》の二人の娘のうち、蛾皇は堯の後を継いだ聖帝の舜《しゅん》の皇后となり、女英はその妃となったようなものであって、金重は翠翹・翠雲という二人の妻を得ることができて楽しく暮らしました、で終わっており、ハッピーエンドとなっているのです。

そもそも、『金雲翹伝』では、金重は翠翹・翠雲の姉妹を初めて見かけた際、美貌に心を奪われ、この二人を妻とできなければ一生結婚するまいと心に誓っています。実際、それが実現するのであって、重点はそちらにあるのです。また、『金雲翹伝』では、翠翹が徐海の豪傑としての器量を見抜き、徐海がそれを嬉しがって親しくなる点を強調しています。これに対し、ベトナムの『金雲翹新伝』では、翠翹は男らしい徐海に惹かれつつも、「あなたさまは、この野草、卑《いや》しい花のような私を憐れんでくださいますが、浮き草のような私は、将来あなたさまの妻となって、ご迷惑をおかけするわけにはまいりません」と述べており、苦難の道を歩んできた女性の複雑な心情を描いている点が特徴です。

ただ、青心才人の『金雲翹伝』は倭寇小説としては面白い話ですし、翠翹が妓女の手練手管をしこまれる場面など、かなり卑猥《ひわい》な描写も多いため、中国で大人気となって数種類の版本が出版され、海外にも伝わりました。李氏朝鮮では、王宮で読まれた中国の白話小説の目録である一七六二年の『中国小説絵模本』にその名が見えているうえ、文人たちの書目にも見えているため、知識人たちの間でも読まれていたと推測されています。日本では、宝暦四年（一七五四）に輸入された記録があり、この時期には一度に二十五部が持ち込まれたとする記録もあります。清朝ではこの時期は才子佳人小説が人気であって、日本でも歓迎されることが予想されていたことが分かります。実際、宝暦十三年（一七六三）に西田維則《いそく》（?―一七六五）が詩詞の部分を省いた訓読本として『通俗金翹伝』を出版しています。

さらに、山東京伝《さんとうきょうでん》（一七六一―一八一六）は、その代表作である『桜姫全伝《さくらひめぜんでん》曙草紙《あけぼのぞうし》』（一八〇五）で利用しているうえ、滝沢馬琴（一七六七―一八四八）は舞台を室町時代末期の難波とした勧善懲悪物語、『風俗金魚伝』を書いています。登場人物は、船尾鱗蔵《ふなおりんぞう》という名の金魚売り、その妻である水草《みくさ》、十八歳の娘の魚子《うおこ》、十七歳の鰭次郎《ひれじろう》、十五歳の妹の乙魚《おとお》と、鰭次郎の学友である庭井金重郎などであって、起こる事件はほぼ『金雲翹伝』をなぞっています。ただ、序では、「言、猥褻に過ぎたるは、綴り易《か》へたる」ところが多いと記しています。結末では、出家して妙龍という名の尼になった魚子が世俗の家で暮らすのを嫌がったため、鰭次郎と金重郎が草庵《そうあん》を作って住まわせたところ、妙龍の夢に覚縁が出てきて、「お前は前世は金魚であって小さい魚を食べておりながら因果を知らなかったため、金魚売りの家に生まれて苦難を重ねたが、来世は成仏できる」と告げて観音の姿を現し、大きな金魚に乗って西に向かって飛んでいったとし、妙龍は観音の直弟子として人々に尊崇され、女性だけを教化して九十余歳で大往生をとげた、として終わっています。

『金雲翹伝』では覚縁が神秘的な尼であったことが強調されているものの、仙女のような扱いをしています。『金雲翹新伝』では、仏教の尼という点を強調していますが、観世音菩薩とはしていません。また、『風俗金魚伝』では、船尾鱗蔵一家の名が魚に関係するものばかりであるのは、登場人物がすべて植物の名となっている『秋夜長物語』、あるいは『鴉鷺《あろ》合戦物語』など仏教系の擬人物語の伝統を受け継いだものです。このように、仏教とは縁遠くなった中国の『金雲翹伝』と違い、ベトナムの『金雲翹新伝』と日本の『風俗金魚伝』は全体に仏教色が濃いうえ、最後に仏教的な教訓を添える形で男女の恋物語を語る点でも、また「才」と「災」を掛け、「金翹」と「金魚」を掛けるといった言葉遊びの点でも、インド以来の図式を受け継いでいたのです。

おわりに

これまで見てきたように、アジア諸国における恋愛文学と言葉遊びは、仏教と深く結びついていました。ここで重要なのは、「恋愛文学」という概念は、西洋で近代になって生まれたものであることです。これに近いジャンルが明確に示されたのは、意外にも日本で『古今和歌集』に「恋歌」という部がもうけられたのが最初でしょうか。

『古今和歌集』では、仮名序に続いて、春歌（上下）、夏歌、秋歌（上下）、冬歌、賀歌《がのうた》、離別歌、羇旅歌《きりょのうた》、物名、恋歌（一二三四五）、哀傷歌、雑歌（上下）、雑体、大歌所御歌・神遊びの歌・東歌の二十巻が並んでいます。四季の歌の後に、大量の恋の歌が並んでいて中心となっており、その「恋歌」の部は、おおよその流れとしては、逢えずに恋い焦がれる歌、逢うことができた歌、逢って後の歌、関係が終わった歌、という順序で配列されています。つまり、移り変わる季節の歌の後に、始まっては終わっていく恋の歌が並べられ、死者を悼む哀傷の歌が続く形であって、無常を意識した配列になっているのです。しかも、「恋歌」の前には、言葉遊びの歌を集めた「物名」の巻が置かれているうえ、「恋歌」の部の歌にしても掛詞を用いている遊戯的な歌が少なくありません。『古今和歌集』の編者たちが、仏教が説く無常と恋と言葉遊びを結びつけてとらえていたことは疑いないでしょう。

そもそも、『古今和歌集』の仮名序は、「やまと歌は、人の心を種として、万《よろず》の言の葉とぞ成れりける」という言葉で始まっていました。「心種」という語や「心を種とする」といった表現は中国の古典には見えません。一方、仏教では、「信心を種子《しゅうじ》と為す」とか「菩提心を種子と為す」といった表現はよく用いられています。また、東アジアの唯識説の根本文献であって、興福寺を本拠とする法相宗で最も尊重された玄奘訳の『成唯識論《じょうゆいしきろん》』では、経典の説として「心を種子と為す」と述べています。

四季に関する日本人の見方・感じ方を決定づけた『古今和歌集』は、仏教を意識して編纂されていたのです。仮名序が、和歌で有名な人としてあげた六人、すなわち、後に六歌仙と称された人たちは、僧正遍昭、在原業平、文屋康秀、喜撰法師、小野小町、大伴黒主であって、二人までが僧侶でした。また、物名の巻における言葉遊びの歌がいかに仏教を題材としていたか、業平や小町の恋歌がいかに仏典の表現を利用し、遍昭や小町の歌がいかに掛詞を用いていたかは、本文で見た通りです。

この点に注意すれば、古典文学の研究者は、仏教・恋愛文学・言葉遊びの結びつきに着目することができたはずですが、そうはならないまま今日まで来てしまいました。仏教を排除した江戸の国学の影響の根強さを痛感せずにはおられません。また、これは私自身が属する仏教学の責任でもあります。日本の仏教学は宗派の学問として発達し、近代になってからは精密な文献学として育ってきました。近年になって、仏教のさまざまな側面が注目されるようになってきましたが、まだまだ不十分です。アジア諸国の仏教について研究する際も、インド以来の伝来・受容の検討が中心であって、アジア諸国の仏教と日本仏教との共通点や違いを考えるという発想がそもそもありませんでした。

冒頭でも述べたように、仏教は日本に巨大な文化体系として導入されました。その結果、仏教は生活のあらゆる場面に浸透したのです。これは、日本だけのことではありません。インドと中国の周辺の国々には、そうした例が少なくないのです。ただし、当然のことながら、仏教はその国に合った形で受容され、変わっていきました。そこにその国の個性が表れます。国学やそれを受け継いだ民俗学などは、仏教や儒教が入る前の純粋な日本らしさを追い求めたのですが、それは無理な話です。そうした日本らしさを象徴するものとされた『万葉集』では、歌聖と称された柿本人麻呂が『涅槃経』などを用いた歌を詠んでいました。また、日本人の自然観を決定づけた『古今和歌集』や、古典文学の最高峰である『源氏物語』はどれほど仏教に依拠していたでしょうか。日本らしさを探すなら、アジア諸国の仏教の受容の仕方と比較して特徴を見いだすべきでしょう。

繰り返します。無常という概念を含め、仏教は恋愛文学および言葉遊びと結びついていました。仏教を受け入れたアジア諸国、とりわけ日本はその傾向がきわめて強かったのであって、それこそが日本の特徴だったのです。

後書き

仏教が無常を説くだけのものだったら、アジア諸国に広まったはずはない、楽しくて魅力的な面もあったはずだ、というのが私が大学浪人時代から考えていたことです。浪人の頃は、柱が邪魔になって見にくいかわりに値段が安い能楽堂の学生席で、能や狂言を時々見ており、両者とも仏教的な内容が多いことが気になっていました。そうした能が室町時代から戦国時代にかけて大人気となり、戦国武将たちまで練習して自ら能を舞っていたのは、テンポが今より速く、誰もが夢中になるほど面白かったためでしょう。このことは、仏教そのものにも当てはまるのではないか。

学部と大学院では、仏教の中でもとりわけ理論的な華厳教学を専攻し、中国・韓国・日本の華厳教学を比較検討しました。その後も近代アジア諸国の仏教とナショナリズムの関係、聖徳太子、コンピュータを利用した仏教研究法など、いろいろな分野に手を出しましたが、仏教の楽しい面に対する関心も消えることはありませんでした。数年前に、ものまね芸がいかに仏教と関係深かったかを調べ、『〈ものまね〉の歴史―仏教・笑い・芸能』という本を書いたのはその一例です。また、村田みおさんと共著で出した『教えを信じ、教えを笑う』という本では、「酒・芸能・遊びと仏教の関係」という章を担当しました。そうした中で、長らく気になっていながらまとめることができずにきたのが、恋愛文学と仏教の関係でした。その長年の課題に、今回の本のおかげでようやく取り組むことができました。

この本が生まれたのは、集英社創業九十五周年記念企画として姜尚中《カンサンジュン》総監修の『アジア人物史』シリーズが刊行されるにあたり、新羅の僧であって後に還俗して居士となった元暁を担当したことがきっかけです。元暁は、日本で言えば一休さんのようなイメージもありながら、韓国のみならず、中国・日本に大きな影響を与えた人物であって、伝承説では韓国の仏教芸能の元祖のように扱われています。元暁の執筆を依頼していただいたのは、私が早稲田大学の東洋哲学専修の助手をしていた時、東洋史の助手をしていた助手仲間の李成市《リソンシ》さん（早稲田大学名誉教授）の推薦によるものでしょう。この『アジア人物史』シリーズを企画した新書編集部編集長の落合勝人さん、また私の担当部分の編集をしてくださった庭田悟さんとやりとりするうちに、落合編集長が私の懸案だったアジア諸国の恋愛文学と仏教の関係という点に興味を持ってくださり、この本を出版していただけることになりました。編集の実務は稲垣ゆかりさんが担当してくださり、親しみやすい本になるよう、いろいろな面で配慮していただきました。また、校正者の方には綿密な校閲をしていただきました。こうした方々に感謝するばかりです。

アジア諸国の恋愛文学と仏教の関係については、これまでいろいろな論文を書いてきました。ただ、通史としてまとめるにあたっては、コロナ禍の最中であった二〇二二年に、『源氏物語』研究の仲間であった北京日本学研究センターの張　龍妹《ちょうりゅうまい》教授に依頼され、同センターの日本文学専攻の大学院生と若手教員を相手に「日本文学特殊研究」と題する十五回のリモート講義をし、『万葉集』から樋口一葉までの恋愛文学と仏教の関係を概説したことが非常に役立ちました。

仏教は多様であって、これまで知られていない面をたくさん持っています。この本によって、アジア諸国の文化、とりわけ日本文化に多大な影響を与えた仏教について興味を持つ人が増えることを願うばかりです。

石井公成

二〇二四年十一月二十六日

主要参考文献

【インド】

梶山雄一・小林信彦・立川武蔵・御牧克己訳『ブッダチャリタ』講談社、一九八五年

平岡聡『ブッダが謎解く三世の物語―『ディヴィヤ・アヴァダーナ』全訳』上・下、大蔵出版、二〇〇七年

中村元「華厳経の思想史的意義」、川田熊太郎監修、中村元編『華厳思想』法藏館、一九六〇年

大竹晋『菩薩は女性を愛せるか』春秋社、二〇二三年

長尾雅人『「維摩経」を読む』岩波書店、一九八六年

【中国】

辰巳正明「中国の古代歌謡―その淫風的性格について」、「国学院大学紀要」第四三号、二〇〇五年

川合康三『中国の恋のうた―『詩経』から李商隠まで』岩波書店、二〇一一年

張競『恋の中国文明史』ちくまライブラリー、一九九三年

王運熙『六朝楽府与民歌』上海文芸聯合出版社、一九五五年

普慧『南朝仏教与文学』中華書局、二〇〇二年

龔賢『仏典与南朝文学』江西人民出版社、二〇〇八年

諸田龍美『白居易恋情文学論―長恨歌と中唐の美意識』勉誠出版、二〇一一年

下定雅弘『長恨歌―楊貴妃の魅力と魔力』勉誠出版、二〇一一年
林雅清「明代通俗小説に描かれた悪僧説話の由来―仏教における『戒律』と『淫』の問題を手掛かりに」、「京都文教短期大学研究紀要」第四八号、二〇〇九年
小峯和明監修・琴榮辰『東アジア笑話比較研究』勉誠出版、二〇一二年

【韓国】
石田礼子「『華厳宗祖師絵伝』善妙にみる「変身」―浮石説話を中心に」、「立教大学日本文学」第一一一号、二〇一四年
小峯和明・増尾伸一郎編訳『新羅殊異伝―散逸した朝鮮説話集』平凡社、二〇一一年
早川智美『金鰲新話―訳注と研究』和泉書院、二〇〇九年

【日本】
佐藤美知子「大伴家持の『願寿作歌』をめぐって」、「大谷女子大国文」第二二号、一九九二年
中野方子『平安前期歌語の和漢比較文学的研究』笠間書院、二〇〇五年
近藤みゆき『古代後期和歌文学の研究』風間書房、二〇〇五年
幸田露伴「月上女（日本の古き文学の一に就きて）」、「心の花」第一五巻第五号、一九一一年
久保堅一「『長恨歌』の玉妃のことばと仏伝―『竹取物語』および初期物語の仏教受容について考えるための試論」、「大妻国文」第五四号、二〇二三年

丸山キヨ子『源氏物語の仏教―その宗教性の考察と源泉となる教説についての探究』創文社、一九八五年
張龍妹『源氏物語の救済』風間書房、二〇〇〇年
杉浦和子「源氏物語の常なき世の自覚―万葉集から源氏物語へ」、「上智大学文化交渉学研究」第三号、二〇一五年
小峯和明『中世法会文芸論』笠間書院、二〇〇九年
市古貞次『中世小説の研究』東京大学出版会、一九五五年
末木文美士『草木成仏の思想―安然と日本人の自然観』サンガ文庫、二〇一七年
金有珍「『幻夢物語』の成立背景」、「国語国文」第八七巻第九号、二〇一八年
田中優子「江戸的絶望のすすめ―その2―上田秋成の散文その他2『聖遊郭』わるじゃれの方法」、「現代詩手帖」第三一巻第一〇号、一九八八年
李政殷「一葉文学における朝鮮文学『九雲夢』の受容」、「人間社会環境研究」第二一号、二〇一一年

【ベトナム】

竹内與之助訳注『金雲翹』講談社、一九七五年
川本邦衛『ベトナムの詩と歴史』文藝春秋、一九六七年
川口健一「阮攸（グエン・ズー）と馬琴―二つの作品をめぐって」、「日本語・日本学研究」第三号、二〇一三年
磯部祐子「才子佳人小説の東アジア諸国への影響―『金雲翹伝』と『玉嬌梨』を例に」、磯部彰編『東ア

ジア出版文化研究　こはく』知泉書館、二〇〇四年

【著者の本書に関連する主な著作】

『東アジア仏教史』岩波新書、二〇一九年
『教えを信じ、教えを笑う』（村田みおとの共著）、臨川書店、二〇二〇年
『〈ものまね〉の歴史―仏教・笑い・芸能』吉川弘文館、二〇一七年
「アジア諸国の恋愛文学と仏教の関係」、「蓮華　仏教文化講座たより」第九一号、二〇一六年
「仏伝文学に見えるエロティックな記述を中国人はどう受け止めたか―Buddhacarita（仏所行讃）の漢訳が示すもの」、小峯和明編『東アジアの仏伝文学』勉誠出版、二〇一七年
「『長恨歌』における道教と仏教―『仏所行讃』『仏本行集経』の影響を中心として」、「東方宗教」第一二七号、二〇一六年
「『長恨歌』における道教と仏教（続）」、「駒澤大学仏教文学研究」第二〇号、二〇一七年
「新羅仏教文化の多様性―恋愛説話を歌入りで伝えた仏教系芸能者たち」、GBS実行委員会編『論集　新羅仏教の思想と文化―奈良仏教への射程』法藏館、二〇一八年
「『万葉集』の恋歌と仏教」、「駒澤大学仏教文学研究」第七号、二〇〇四年
「無常と忠君と恋をつなぐもの―曹植の漢詩と『万葉集』の長歌」、「駒澤短期大学研究紀要」第三三号、二〇〇五年
「恋歌と仏教―『万葉集』『古今集』『伊勢物語』」、「心（日曜講演集）」第二五号、二〇〇六年

「漢詩から和歌へ（一）―良岑安世・僧正遍昭・素性法師」、「駒澤短期大学仏教論集」第一〇号、二〇〇四年
「漢詩から和歌へ（二）―良岑安世・僧正遍昭・素性法師」、「駒澤大学仏教学部論集」第四七号、二〇一六年
「漢詩から和歌へ（三）―良岑安世・僧正遍昭・素性法師」、「駒澤大学仏教学部論集」第四八号、二〇一七年
「言葉遊びと仏教の関係―『古今和歌集』物名を手がかりとして」、「駒澤大学仏教学部論集」第四四号、二〇一三年
「法会と言葉遊び―小野小町と物名の歌を手がかりとして」、小峯和明監修・原克昭編『宗教文芸の言説と環境』笠間書院、二〇一七年
「変化の人といふとも、女の身持ち給へり―『竹取物語』の基調となった仏教要素」、「駒澤大学仏教文学研究」第九号、二〇〇六年
「曖昧好みの源流―『伊勢物語』と仏教」、「文学」第五巻第五号、二〇〇四年
「『遊仙窟』に始まり仏伝に終る―定家本『伊勢物語』の構成」、「駒澤大学仏教文学研究」第一一号、二〇〇八年
「心を探る文学―『源氏物語』の唯心思想」、「文学」第四巻第四号、二〇〇三年
「『源氏物語』における顔之推作品の利用―『顔氏家訓』と『冤魂志』「王範妾」」、「駒澤短期大学仏教論集」第九号、二〇〇三年

「『紫式部日記』と『源氏物語』における『維摩経』利用」、「駒澤大学仏教文学研究」第八号、二〇〇五年
「恋と笑いの『平家物語』」、「駒澤大学仏教文学研究」第二六号、二〇二三年
「草木成仏説の背景としての和歌」、「叡山学院彙報」第三二号、二〇〇七年
「仏法僧を尊ばない『ことわざ』」、「文学」第一二巻第六号、二〇一一年
「僧形の者たちの笑いの文芸—合戦の世紀に残されたもの」、「文学」第一三巻第五号、二〇一二年
「ベトナム語の字喃（chữ nôm）と梵語音写用の漢字」、「駒澤短期大学研究紀要」第二六号、一九九八年
「『金雲翹』の変奏」、「文学」第六巻第六号、二〇〇五年

著者の論文情報とPDFなど：https://researchmap.jp/read0182148

石井公成（いしい こうせい）

一九五〇年東京都生まれ。早稲田大学大学院文学研究科単位取得退学。駒澤大学名誉教授。アジア諸国の仏教と周辺文化の研究者。『華厳思想の研究』『聖徳太子――実像と伝説の間』（春秋社）、『〈ものまね〉の歴史――仏教・笑い・芸能』（吉川弘文館）、『東アジア仏教史』（岩波新書）など著書多数。集英社刊『アジア人物史』（全12巻）第3巻『ユーラシア東西ふたつの帝国』第3章執筆。

恋《こい》する仏教《ぶっきょう》 アジア諸国《しょこく》の文学《ぶんがく》を育《そだ》てた教《おし》え

二〇二五年一月二二日 第一刷発行　　集英社新書一二四五C

著者……石井公成《いしいこうせい》

発行者……樋口尚也

発行所……株式会社集英社

東京都千代田区一ツ橋二-五-一〇 郵便番号一〇一-八〇五〇

電話 〇三-三二三〇-六三九一（編集部）
〇三-三二三〇-六〇八〇（読者係）
〇三-三二三〇-六三九三（販売部）書店専用

装幀……原 研哉

印刷所……大日本印刷株式会社 TOPPAN株式会社

製本所……ナショナル製本協同組合

定価はカバーに表示してあります。

ISBN 978-4-08-721345-4 C0215

Printed in Japan

a pilot of wisdom

淡々と生きる 100歳プロゴルファーの人生哲学	内田 棟
若者よ、猛省しなさい	下重 暁子
イスラーム入門 文明の共存を考えるための99の扉	中田 考
ダメなときほど「言葉」を磨こう	萩本 欽一
ゾーンの入り方	室伏 広治
人工知能時代を〈善く生きる〉技術	堀内進之介
究極の選択	桜井 章一
母の教え 10年後の『悩む力』	姜 尚中
一神教と戦争	橋爪大三郎 中田 考
善く死ぬための身体論	内田 樹 成瀬 雅春
世界が変わる「視点」の見つけ方	佐藤可士和
いま、なぜ魯迅か	佐高 信
人生にとって挫折とは何か	下重 暁子
全体主義の克服	マルクス・ガブリエル 中島 隆博
悲しみとともにどう生きるか	柳田邦男 若松英輔 ほか
原子力の哲学	戸谷 洋志
退屈とポスト・トゥルース	マーク・キングウェル 上岡伸雄・訳
「利他」とは何か	伊藤亜紗・編
はじめての動物倫理学	田上 孝一
ポストコロナの生命哲学	福岡伸一 伊藤亜紗 藤原辰史
哲学で抵抗する	高桑 和巳
いまを生きるカント倫理学	秋元 康隆
未来倫理	戸谷 洋志
日本のカルトと自民党 政教分離を問い直す	橋爪大三郎
アジアを生きる	姜 尚中
サークル有害論 なぜ小集団は毒されるのか	荒木 優太
スーフィズムとは何か イスラーム神秘主義の修行道	山本 直輝
スーザン・ソンタグ 「脆さ」にあらがう思想	波戸岡景太
一神教と帝国	内田 樹 中田 考 山本 直樹
「おりる」思想 無駄にしんどい世の中だから	飯田 朔
福沢諭吉 「一身の独立」から「天下の独立」まで	中村 敏子
限界突破の哲学	アレキサンダー・ベネット
教養の鍛錬 日本の名著を読みなおす	石井洋二郎
ヘーゲル(再)入門	川瀬 和也

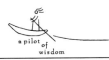

集英社新書　好評既刊

歴史・地理――D

- 日本人の魂の原郷　沖縄久高島　比嘉康雄
- 沖縄の旅・アブチラガマと轟《とどろき》の壕　石原昌家
- アメリカのユダヤ人迫害史　佐藤唯行
- ヒロシマ――壁に残された伝言　井上恭介
- 英仏百年戦争　佐藤賢一
- 死刑執行人サンソン　安達正勝
- 僕の叔父さん　網野善彦　中沢新一
- 反米大陸　伊藤千尋
- 陸海軍戦史に学ぶ　負ける組織と日本人　藤井非三四
- 在日一世の記憶　小熊英二／姜尚中 編
- 江戸・東京　下町の歳時記　荒井修
- 日本人の坐り方　矢田部英正
- 江戸っ子の意地　安藤優一郎
- 人と森の物語　池内紀
- ローマ人に学ぶ　本村凌二
- 北朝鮮で考えたこと　テッサ・モーリス-スズキ
- 司馬遼太郎が描かなかった幕末　一坂太郎
- 縄文人からの伝言　岡村道雄
- 14歳〈フォーティーン〉満州開拓村からの帰還　澤地久枝
- 日本とドイツ　ふたつの「戦後」　熊谷徹
- 江戸の経済事件簿　地獄の沙汰も金次第　赤坂治績
- 「火附盗賊改」の正体――幕府と盗賊の三百年戦争　丹野顯
- 在日二世の記憶　小熊英二／高賛侑／高秀美 編
- シリーズ〈本と日本史〉①『日本書紀』の呪縛　吉田一彦
- シリーズ〈本と日本史〉③中世の声と文字　親鸞の手紙と『平家物語』　大隅和雄
- シリーズ〈本と日本史〉④宣教師と『太平記』　神田千里
- 「天皇機関説」事件　山崎雅弘
- 列島縦断「幻の名城」を訪ねて　山名美和子
- 大予言「歴史の尺度」が示す未来　吉見俊哉
- 十五歳の戦争　陸軍幼年学校「最後の生徒」　西村京太郎
- 物語ウェールズ抗戦史　ケルトの民とアーサー王伝説　桜井俊彰
- シリーズ〈本と日本史〉②遣唐使と外交神話『吉備大臣入唐絵巻』を読む　小峯和明
- テンプル騎士団　佐藤賢一

a pilot of wisdom

司馬江漢「江戸のダ・ヴィンチ」の型破り人生　池内　了
写真で愉しむ　東京「水流」地形散歩　小林紀晴　監修・解説 今尾恵介
近現代日本史との対話【幕末・維新―戦前編】　成田龍一
近現代日本史との対話【戦中・戦後―現在編】　成田龍一
マラッカ海峡物語　重松伸司
アイヌ文化で読み解く「ゴールデンカムイ」　中川　裕
始皇帝　中華統一の思想『キングダム』で解く中国大陸の謎　渡邉義浩
歴史戦と思想戦――歴史問題の読み解き方　山崎雅弘
証言　沖縄スパイ戦史　三上智恵
「慵斎叢話」15世紀朝鮮奇譚の世界　野崎充彦
江戸幕府の感染症対策　安藤優一郎
長州ファイブ　サムライたちの倫敦《ロンドン》　桜井俊彰
奈良で学ぶ　寺院建築入門　海野　聡
江戸の宇宙論　池内　了
大東亜共栄圏のクールジャパン　大塚英志
「米留組」と沖縄　米軍統治下のアメリカ留学　山里絹子
未完の敗戦　山崎雅弘

スコットランド全史「運命の石」とナショナリズム　桜井俊彰
駒澤大学仏教学部教授が語る　仏像鑑賞入門　村松哲文
海のアルメニア商人　アジア離散交易の歴史　重松伸司
太平洋戦争史に学ぶ　日本人の戦い方　藤井非三四
江戸の好奇心　花ひらく「科学」　池内　了
戦国ブリテン　アングロサクソン七王国の王たち　桜井俊彰
ゴールデンカムイ　絵から学ぶアイヌ文化　中川　裕
私たちの近現代史　女性とマイノリティの100年　村山由佳　朴慶南
首里城と沖縄戦　最後の日本軍地下司令部　保坂廣志
秘密資料で読み解く　激動の韓国政治史　永野慎一郎
ナチズム前夜　ワイマル共和国と政治的暴力　原田昌博

集英社新書　好評既刊

崩壊する日本の公教育
鈴木大裕　1235-E
政治が教育へ介入した結果、教育のマニュアル化と市場化等が進んだ。米国の惨状を例に教育改悪に警告。

その医療情報は本当か
田近亜蘭　1236-I
広告や健康食品の表示など、数学や言葉に惑わされない医療情報の見極め方を京大医学博士が徹底解説する。

石橋湛山を語る　いまよみがえる保守本流の真髄
田中秀征／佐高　信　1237-A
岸信介・清和会とは一線を画す保守本流の政治家、石橋湛山を通じて、日本に必要な保守主義を考える。

荒木飛呂彦の新・漫画術　悪役の作り方
荒木飛呂彦　1238-F
『ジョジョの奇妙な冒険』等で登場する名悪役たちはなぜ魅力的なのか？　創作の「企業秘密」を深掘りする。

遊びと利他
北村匡平　1239-B
公園にも広がる効率化・管理化の流れに、どう抗えばよいのか？「利他」と「場所づくり」をヒントに考察。

ユーミンの歌声はなぜ心を揺さぶるのか　語り継ぎたい最高の歌い手たち
武部聡志　取材・構成／門間雄介　1240-H
日本で一番多くの歌い手と共演した著者が、吉田拓郎や松田聖子といった優れた歌い手の魅力の本質に迫る。

プーチンに勝った主婦　マリーナ・リトビネンコの闘いの記録
小倉孝保　1241-N〈ノンフィクション〉
プーチンが夫を殺したのか？　真相を追い求める妻に英国やロシアが立ちはだかる。構想十二年の大作。

ヘーゲル(再)入門
川瀬和也　1242-C
主著『精神現象学』や『大論理学』を解読しつつ、「流動性」をキーワードに新たなヘーゲル像を提示する。

東京裏返し　都心・再開発編
吉見俊哉　1243-B
再開発が進む東京都心南部。その裏側を掘り起こす、七日間の社会学的街歩きガイド。

わたしの神聖なる女友だち
四方田犬彦　1244-B
昭和の大女優、世界的な革命家、学者、作家、漫画家など、各領域で先駆者として生きた女性の貴重な記録。